범죄피해와
형사절차

김동혁

Crime Victim

박영사

머리말

필자는 대학원 재학시절부터 국가 형사사법시스템, 국가 형벌권의 존재목적에 대해 고민을 해왔다. 왜냐하면, 대학에서 배우는 형사에 관한 법률들은 피고인, 피의자의 권리보장에 많은 부분이 할애되어 있었기 때문이다. 특히 형사소송법은 조문의 구성과 해석에 있어 피고인 이익을 주된 기준으로 삼고 있으며, 형법상 죄형법정주의도 피의자의 권리보장에 제도의 중심이 있다. 물론 국가 형벌권과의 관계에서 피의자든 피고인이든 개인의 지위에서 기본적인 인권의 보장을 받아야 한다는 가치는 무시할 수도 없거니와 이는 근대 형법이 시작되는 중심 사상이기도 하다.

그러나 한 나라의 전체적인 형사사법시스템, 국가의 형벌권은 애초에 피해자를 보호하기 위해 제정된 것이다. 형법 각론상의 모든 조문이 이를 뒷받침하는 것이며, 따라서 형법의 피해자 보호기능이 중요한 것이다. 다만 피해자를 보호하기 위한 형벌권의 행사에 있어 그 대상인 피의자와 피고인도 기본적인 인권의 보장을 받으며 수사, 기소, 재판을 받아야 하는 것이다.

즉, 국가의 형벌권이라는 것은 본질적으로 잠재적 피해자인 일반 시민의 안전을 위해 존재하는 것이며, 범죄가 일어났을 때는 현실적 가해자도 법원의 유죄판결이 있을 때까지는 무죄이므로 피의자나 피고인이라는 특별한 지위를 부여해 이들의 기본적인 인권을 보장하면서 형사절차를 진행하는 것이다.

이렇게 형사사법시스템과 국가의 형벌권 행사는 피해자보호를 중요한 가치로 하여야 함에도 우리나라를 비롯한 많은 나라가 이를 경시하는 경향이 있다. 피해자의 지위는 형사절차에서 당사자성을 인정받지 못하는 제3자이다. 따라서 수사, 기소, 재판에서 그들의 의견이 강한 힘을 갖지 못한다. 특히 우리나라는 기소제도에 있어 기소독점주의와 기소재량주의를 취함으로써 피해자의 의사는 거의 배제되어 있다. 그나마 우리나라에서 인정되는 피해자의 권리는 친고죄의 고소나 일반 범죄의 고소를 통한 것이고, 다른 나라들은 기소에 있어 사인소추나 기소배심을 통해 피해자나 일반 시민의 기소를 어느 정도 인정하고 있다.

이러한 생각을 바탕으로 필자는 친고죄에 대한 논문으로 박사학위를 취득했으며, 이 책은 이 논문의 내용을 수정, 보완하여 출간하는 것이다. 물론 그사이 성폭력범죄에 대한 친고죄 폐지 등 많은 변화가 있어 이 책 내용의 정치성이나 정확성은 떨어질 수 있으나 그럼에도 이 책을 출간하는 이유는 형사에 있어 피해자 보호의 중요성이 커질수록 결국 시민의 안전이 더욱 공고히 확보되기 때문이다.

몇 해 전 경찰청에서 '피해자보호 원년의 해'를 선포하며 피해자보호를 위한 시책을 내놓기 시작했다. 늦은 감이 있으나 이제라도 피해자 보호의 가치가 사회적 합의를 얻게 되어 다행이라고 생각한다. 경찰관은 피해자의 보호를 첫 번째 임무로 한다.

마지막으로 다시 한 번 경찰관 직무집행법의 내용을 떠올려 본다.

"경찰관은 다음의 직무를 수행한다. 1. 국민의 생명, 신체, 재산의 보호"

2018년 8월
저자 씀

차 례

서

들어가며

　형벌권은 국가가 독점적으로 행사하는 것이 원칙이다. 이는 국가형벌권 행사를 공평하고 획일적으로 함으로서 피해자의 복수심으로 인한 범죄에 대한 사적인 해결을 방지하기 위함이다. 따라서 우리 형사소송법은 제246조에서 "공소는 검사가 제기하여 수행한다."고 규정하여 국가소추주의(國家訴追主義)를 원칙으로 하고 있다.

　그러나 우리 법은 국가소추주의를 원칙으로 하면서도 친고죄를 인정하여 이에 대한 제한을 인정하고 있다. 친고죄는 피해자의 고소를 기다려서 처벌하는 범죄유형으로써 피해자의 고소를 조건으로 공소제기가 가능하다. 즉 친고죄는 범죄의 소추조건으로 기능한다.

　국가형벌권의 원칙 안에서 피해자의 의사를 반영하는 제도는 여러 가지 형태로 구현되고 있으며, 이 형태는 구체적으로 검사의 기소권한에 대한 예외 또는 제한의 방법[1]으로 이루어진다. 대표적으로 영국과 프랑스는 사인소추제도를 가지고 있고, 미국은 피해자의 개념을 대신해 시민의 권리로 대배심제도를 가지고 있다. 반면 우리나라와 일본의 경우는 기소독점주의하에서 친고죄를 두는 형태를 취하고 있다. 한편 기소편의주의의 관점에서는 검사의 불기소처분에 대해 항고, 재정신청, 헌법소원의 방법으로 제한할 수 있다.

　본서는 국가형벌권과 피해자 의사의 조화라는 측면에서 다른 제도와 다른 친고죄가 가지는 독자적인 의의와 기능을 밝힘을 목적으로 한다.

---

1) 검사의 기소독점에 대해 주체를 배분한다는 측면에서 사인소추와 대배심제도를 기소독점주의의 예외, 검사의 기소에 대한 독점적인 지위를 인정한다는 측면에서 친고죄를 기소독점주의의 제한이라고 할 수 있다.

　　기소독점주의의 예외인 사인소추와 기소편의주의의 제한 형태인 항고, 재정신청, 헌법소원은 모두 검사가 불기소할 경우에 의미가 있는 제도이다. 항고와 재정신청은 검사의 불기소에 대해 피해자가 기소할 수 있는 적극적인 권한을 주는 것이고, 헌법소원은 기소독점주의하에서 검사의 불기소처분에 대해 불복할 수 있는 것이다. 반면 친고죄는 고소를 하지 않는 방식과 고소취소의 방식을 통해 피해자의 의사에 의해 검사의 기소를 실질적으로 불기소하게 하는 효력이 있는바, 이러한 면에서 친고죄는 다른 제도와 다른 독자적인 의의를 가진다.

　　이와 관련하여 본서는 다음의 세 가지를 다루고자 한다.

　　첫째, 국가형벌권의 원칙을 피해자의 의사에 의해 제한하고자 한다면 그 범죄의 유형을 어떻게 제한할 것인가의 문제이다. 일반적으로 친고죄가 법익침해의 경미성과 피해자의 명예보호를 이유[2]로 인정된다고 한다면, 어느 정도의 침해를 경미하다고 보아야 하는가를 살펴본다.

　　둘째, 친고죄로 규정될 범죄 유형을 확인하였으면 이에 관한 형사소송법의 세부규정들이 친고죄의 취지에 맞게 규정되어 있는가와 친고죄의 취지에 맞게 각 조문들이 해석되고 있는가를 살펴본다. 친고죄로 규정될 범죄의 유형이 줄어든다면 친고죄의 취지에 따른 해석이 더욱 용이할 것이다. 특히 친고죄와 관련하여 쟁점이 될 수 있는 것은 피해자의 의사에 의한 형벌권의 제한이 그 조문의 해석상 직접 영향을 미칠 수 있는 부분이다. 형사소송법상 고소기간제도, 고소의 추완, 고소불가분의 원칙 등이 이러한 부분으로서, 이에 대한 학설도 일관되어 있지 않다. 검사의 기소에 대한 불기소의 관점에서 피해자의 의사를 존중한다는 친고죄의 취지에 따라 동일적인 해석론을 모색하여 본다.

　　셋째, 친고죄는 국가소추주의에 대한 제한으로써 범죄의 소추조건으로 규정되어 있다. 즉 친고죄는 직접적으로 검사의 기소권한에 대한 제한기능을 하고 있다. 우리 형사소송법은 검사의 기소독점주의와 기소편의주의를 규정하고 있다. 기소독점주의는 기소의 권한 주체에 대한 원칙이며, 기소편의주의는 검사 기소권의 내

---

2) 이러한 이유 외에 상대적 친고죄에 대한 인적 관계의 특수성이라는 것도 논의될 수 있으나, 이는 인적관계의 특수성을 형법상 어떤 방식으로 취급할 것인가의 문제이고, 친고죄 자체의 본질이나 취지에 대한 것으로 볼 수 없다.

용, 즉 기소권의 재량에 대한 원칙이다.

친고죄는 검사의 기소에 있어 고소를 조건으로 하는 것이고 피해자에게 기소의 권한이 있는 것은 아니므로 기소독점주의에 대한 예외로 볼 수 없고, 기소독점주의에 대한 제한으로 볼 것이다. 즉 우리 형법은 검사의 기소독점을 인정하면서 친고죄를 인정하여 검사의 기소독점에 대해 통제하는 방식을 가지고 있다. 이와는 다르게 사인소추나 대배심의 형식으로 기소권한을 배분하여 기소독점주의에 대해 예외를 인정하는 방식도 있다. 본서에서는 기소권한을 배분하는 방식과 기소권한을 제한하는 방식이 피해자의 의사를 고려한다는 취지에서 어떻게 다른 효과를 가지는지를 밝히고자 한다.

기소권한을 배분하는 방식은 검사가 불기소하는 경우에도 사인이 기소할 수는 있으나, 검사의 기소에 대해서는 피해자의 의사가 작용할 여지가 없다. 그러나 기소권한을 제한하는 방식에서는 피해자가 기소에 참여할 권한이 없지만, 친고죄에 있어서는 고소로 검사의 기소에 대해서뿐만 아니라 고소취소로 진행되고 있는 기소를 정지시킬 권한까지 가지므로 실질적으로는 피해자의 권한이 더욱 강하게 발휘된다고 할 것이다.

한편 기소편의주의에 대한 제한으로는 친고죄 외에도 항고, 재정신청, 헌법소원의 방식이 있다. 이러한 방식은 검사의 불기소 처분에 대해 피해자 등이 기소의 효력을 구하는 제도이다. 반면 친고죄는 위와 같이 불기소의 효력을 가진다는 데에 의의가 있다.

친고죄는 국가형벌권의 원칙 안에서 피해자의 의사를 존중하려는 제도이다. 이때 피해자의 의사는 검사의 기소에 대해 불기소의 방향에서 의미가 있으며, 이러한 면에서 최근 논의되고 있는 회복적 사법 사상과도 연관이 있다. 친고죄는 불기소의 효력에 의의가 있으므로 회복적 사법 사상을 법규정 안에서 구체적으로 실현한 제도라고 할 수 있다.

수사절차상 범죄피해자의 법적 권리

C·O·N·T·E·N·T·S

01

범죄피해자의 고소권

1. 고소 일반

1) 고소의 의의

고소란 범죄의 피해자 또는 그와 일정한 관계에 있는 고소권자가 수사기관에 범죄사실을 적시하고 범인의 처벌을 희망하는 의사표시이다. 고소는 수사개시의 단서[1]가 되며 친고죄의 경우에는 소송조건[2]이 된다. 즉, 고소는 수사단계와 기소단계에 있어서 기능한다.

수사란 범죄의 혐의가 있다고 사료되는 때에 그 혐의의 진위를 확인하고 범죄가 발생하였다고 인정되는 경우, 범인을 발견·확보하며 증거를 수집·보전하는 수사기관의 활동을 가리키며, 수사의 단서란 이때 수사기관이 범죄혐의가 있다고 판단하게 되는 원인을 말한다. 수사의 단서는 수사개시의 시발점이 된다. 수사의 단서에는 현행범인의 체포(형사소송법 제212조), 변사자의 검시(형사소송법 제222조), 불심검문(경찰관직무집행법 제3조)등과 같이 수사기관의 인지에 의한 경우와 고소, 고발, 신고나 진정, 탄원, 투서와 같이 타인의 체험을 근거로 하는 경우가 있다.

고소 의사표시의 상대방은 수사기관이어야 하므로 법원에 대하여 피고인을 처벌하여 줄 것을 요구하는 내용의 의사표시를 하더라도 이는 고소로서의 효력이 없다. 즉, 재판과정에서 진정서를 제출하거나 판사의 신문에 대하여 행하는 증언의

---

1) 이존걸, 수사단서로써의 고소, 법학연구 제19집, 한국법학회, 2005, 306면 이하.
2) 김성규, 공소제기의 조건으로써의 고소—친고죄에 있어서의 고소를 중심으로—, 성균관법학, 성균관대학교 비교법연구소, 2003, 113면 이하.

방식3)으로 고소의 의사표시를 하더라도 이는 고소로서의 효력이 없다. 고소의 의사표시는 신고 외에 처벌을 구하는 의사표시4)가 반드시 있어야 한다.

고소는 피해자 등 고소권자가 행하는 의사표시라는 점에서 일반인이 행하는 고발과 구별된다. 또 고소는 범인의 처벌을 희망하는 의사표시를 핵심요소로 한다는 점에서 단순한 범죄사실의 신고나 진정, 탄원, 투서 등과 구별된다. 진정, 탄원, 투서 등은 처벌희망의 의사표시가 명시되어 있지 않다는 이유로 실무상 내사사건으로 취급되고 있다. 내사란 수사기관이 수사를 개시하고 이전에 범죄혐의 자체가 있는지 여부를 확인하기 위하여 행하는 사전적인 조사절차를 말한다.5) 즉, 내사는 수사가 개시되기 이전에 수사개시 여부를 조사하는 단계로써, 범죄의 혐의가 있는 경우 범죄인지보고서6)를 작성한다.7) 따라서 신고, 진정, 탄원 등은 범죄혐의가 있는 경우에만 수사의 단서의 하나인 인지로서 취급되는 반면, 고소는 직접적으로 수사의 단서가 된다. 다만 우리나라의 수사는 사법경찰관의 수사와 검사의 수사로 나누어지므로 내사의 개념에 있어서도 사법경찰관의 내사8)와 검사의 내사9)는 약간의 개념상의 차이가 있다. 사법경찰관의 내사는 "범죄에 관한 신고나 풍설이 있을 때 범죄 혐의가 있는가를 확인하기 위하여 진상을 확인하는 활동"인 반면 검사의 내사는 "수사의 단서로서 조사할 필요가 있는 사항을 조사하는 활동"10)이다.

---

3) 대법원 1987.6.26. 선고 84도709 판결에서는 "피고인들을 엄벌에 처하여 달라는 내용의 진정서를 제출하고 또 증인으로 증언을 함에 있어서 판사의 신문에 대하여 피고인들의 위 간통사실에 대하여도 처벌을 바란다는 취지의 위 진술을 하고 있음이 명백하나 … 진정서의 제출이나 증언사실은 고소로서의 효력이 없는 것"이라고 판시하였다.
4) 위의 판결, "고소는 서면 또는 구술로서 검사 또는 사법경찰관에게 하여야 하는 것이므로 피해자가 피고인을 심리하고 있는 법원에 대하여 범죄사실을 적시하고 피고인을 처벌하여 줄 것을 요구하는 내용의 의사표시를 하였더라도 이는 고소로서의 효력이 없는 것"
5) 박노섭·이동희, 수사론, 경찰공제회, 2009, 144면.
6) 사법경찰관리집무규칙 제20조 제1항.
7) 김재민·박노섭 등, 경찰수사론, 경찰대학, 2008, 104면.
8) 사법경찰관의 내사에 대한 직접적인 법적 근거 규정은 없고, 다만 사법경찰관리집무규칙의 형식으로 규정되어 있다. 그러나 동규칙은 법규정형식이 아니므로 국민에게 의무를 부과하거나 국가공권력을 발동하는 근거가 될 수 없다. 따라서 내사의 명목으로 수사에 준하는 활동이 행하여질 때는 형사소송법상의 피고인에 대한 규정(변호인조력권등)이 준용되어야 한다. 박노섭·이동희, 위의 책, 145면 각주1.
9) 사법경찰관의 내사가 수사 이전의 정보수집활동이라는 점에서 간접적으로나마 경찰법(제3조 경찰의 임무), 경찰관직무집행법(제3조 직무의 범위)이라는 법적 근거를 가지는 것에 비해, 검사의 내사는 법적 근거가 존재하지 않는다는 비판이 있다. 박노섭·이동희, 위의 책, 145면.
10) 신동운, 내사종결의 법적 성질, 법학연구 제45권 제3호, 서울대학교 법학연구소, 2004, 315면.

즉, 전자가 범죄의 혐의에 대한 조사인 데 비해 후자는 범죄의 혐의를 전제한 조사
이다.

즉, 고소는 그 주체가 원칙적으로 피해자이며, 처벌희망의 의사표시가 명시적
이어야 한다. 따라서 기타 수사의 단서보다 수사권의 발동을 강하게 요구한다고 볼
수 있다. 이는 고소권자에 대한 통지제도 등을 규정하고 있음을 보아도 알 수 있다.

이와 같이 고소는 수사의 개시를 촉구하는 피해자의 의사표시로 다른 수사의
단서에 비해 좀 더 강한 효과를 갖는다고 할 수 있다. 다만 고소의 효력은 어디까
지나 수사단서의 하나[11])에 그치며 원칙적으로 국가의 형벌권과의 관계에서 특별
한 소송법적 의미를 갖지 않는다.[12]) 즉, 친고죄의 고소와 같이 국가 형벌권의 발
동[13]), 정지와 관련된 효력이 인정되는 것은 아니다.

2) 고소의 법적 성질

고소는 피해자의 지위를 전제로 하기 때문에 일종의 권리라 생각되어 고소권
의 개념이 성립한다고 여겨진다. 엄밀히는 국가와 범죄피해자 및 그것과 특정 관
계에 있는 것(이른바 고소권자)과의 사이에 존재하는 공법상의 관계라 해야 하고,
고소권자의 권리라기보다는 오히려 법적 지위 또는 권한이라 생각할 여지도 있다.
그러나 국가적인 형사소추의 참여라는 의미로 공법상의 관계가 인정된다고 해도,
형사사법에 있어서 피해자의 주체성을 인정해야 한다는 관점에서 피해자 등 고소
권자의 고소권이라고 풀이하는 것이 타당하다.

3) 다른 제도와의 구별

(1) 피해의 신고

현행 형사소송법은 수사의 단서로써 현행범인 체포(법 제212조), 변사자의 검

---

11) 고소가 수사의 단서라는 것에는 이론의 여지가 없으나, 이에 대해 수사의무가 부과되는가에 대
해서는 논란의 여지가 있다. 수사의 단서가 있다면 어떤 형태의 수사든지 이에 대한 의무를 부
과하는 것이 타당하다고 본다.

12) 신동운, 신형사소송법, 법문사, 2008, 133면.

13) 일반적으로 고소보다 친고죄의 고소가 형벌권과의 관계에서 강한 효력을 가진다고 할 수 있으
나, 수사권의 발동에 있어서는 친고죄의 고소가 특별히 강한 효력을 가지지는 않는다. 고소에
의한 수사의무를 인정한다할지라도 친고죄의 고소이기 때문에 수사권이 더욱 강하게 발동되어야
할 근거가 없기 때문이다. 자세한 내용은 본서 제4장 제1절 친고죄와 수사와의 관계를 참조.

시(법 제222조), 고소(법 제223조), 고발(법 제234조), 자수(법 제240조)를 규정하고 있다. 피해신고[14]는 피해자가 주체라는 점에서 고소와 관련될 여지가 있다.

개념적으로 해석한다면 피해신고는 범죄에 의한 피해사실을 신고하는 것일 뿐, 소추나 처벌을 요구하는 의사표시가 아니라는 점에서 고소와는 다르고, 수사의 단서로서의 효력도 없다. 따라서 고소에 관해서 인정되는 법적 효과 중 소추와 처벌을 요구하는 의사표시와 관계있는 것은 인정되지 않는다. 즉, 소송조건으로서 기소·불기소 등의 통지 및 불기소이유의 고지 등의 규정이 적용되지 않는다. 또한 신고에 대한 수사의무도 인정되지 않는다.

그러나 친고죄에 있어서도 이와 같이 일률적으로 신고와 고소를 구분하는 해석론은 의문이 있다. 왜냐하면 친고죄의 취지와 기능이 피해자의 의사를 고려하여 형벌권의 발동과 정지, 구체적으로는 검사의 기소와 불기소에 영향을 미칠 수 있게 하는 것이기 때문이다.

(2) 고발

우리 형사소송법은 제234조에서 고소에 대한 규정 뒤에 누구든지 범죄가 있다고 사료하는 때에는 고발할 수 있다고 하여 고발에 대한 내용을 규정하고 있다. 고발은 그 주체가 "누구든지"로 규정되어 있으나, 고소와의 관계를 참작할 때 제3자(고소권자, 청구권자, 범인 및 수사기관 이외의 자)가 수사기관에 대해서 범죄사실을 신고하고 그 처벌을 요구하는 의사표시라고 할 수 있다.

주체 외에 범죄사실의 신고와 처벌을 요구하는 의사표시라는 점에 대해서는 일반적으로 고소와 같기 때문에 법적 효과에 대해서는 고소와 거의 공통된다.

예를 들면 ① 고발관계서류·증거물의 검찰관에게로의 송치, ② 기소·불기소 등의 통지, ③ 불기소 이유의 고지 등이 있다. 이들 규정은 각각에 대해서 고발이 고소와 병기되어 있어 고소와 고발의 차이가 없으며 수사의 단서가 된다. 또한 고발을 가지고 논해야 하는 범죄의 경우에는 고발은 소송조건이 된다.

위와 같이 고소는 피해자를 주체로, 고발은 피해자 이외의 자를 주체로 하고 있다. 또한 국가기관의 고발의무가 규정된 경우도 있다. 따라서 고발은 고소에 비

---

14) 경찰청의 범죄 신고 구분은 일반 범죄, 사이버범죄, 성폭력·가정폭력, 선거사범, 마약사범, 조직폭력, 사행성 오락, 학교폭력, 허위정보 생산유통, 산업기술 유출신고(www.cyber112.police.go.kr) 등이 있으나, 여기에서는 주체가 피해자인 경우의 범죄신고를 말한다.

해 국가형벌권의 행사라는 요소가 보다 강하게 개념적으로 포함되어 있다고 볼 수 있다. 즉, 고소는 피해지의 법익 보호 관념에 중점을 두고 있고, 고발은 국가형벌권의 행사에 더 중점을 두고 있다.

이를 고소가 피해자 소추(개인소추)적인 성격을 가지고 있음에 비해서 고발은 공중소추에 가까운 성격을 가지고 있다고 보는 견해[15]도 있다. 친고죄에 있어서의 고소가 아닌 일반적인 고소는 소추조건이라는 효력이 없으므로 사인소추나 공중소추에 대입하는 것은 무리한 해석으로 보이나, 친고죄에 있어서의 고소는 검사의 기소권한에 대한 제한기능[16]을 하므로 위와 같은 취지가 이해될 여지는 있다.

형사소송법 제228조는 친고죄에 대해서 고소를 할 수 있는 자가 없는 경우에 이해관계인의 신고에 의해 검사가 고소권자를 지정하게 하는 조문을 둠으로써 국가형벌권 행사의 적정을 꾀하고 있다.

그 외에 고소는 범인을 알게 된 날로부터 6월이 경과하면 고소하지 못한다는 기간제한이 있으나, 고발에는 소송조건이 되는 경우라도 기간제한이 없다.

이와 유사한 개념으로 일본 형법에는 청구라는 개념이 있다. 청구는 일본 형법상의 외국국장손괴죄[17]에 있어서 외국정부의 청구와 같이 일정한 기관이 수사기관에 대하여 범죄사실을 신고하여 그 처벌을 구하는 의사표시이다.[18] 청구는 신고와 처벌을 요구하는 의미표시라는 점에서 고소[19]와 공통되므로 관련규정이 적용된다. 즉, 청구에는 ① 기소·불기소 등의 통지, ② 불기소 이유의 고지, ③ 수사의 단서가 되는 효과 등이 인정되고 있다.

그러나 청구의 경우에는 고소의 경우와 비교하여 ① 고소의 경우는 피해자, 청구의 경우는 외국정부라는 면에서 주체가 다르고, ② 따라서 고소·고발과 같은 엄격한 절차가 형사소송법상으로 규정되어 있지 않다는 차이가 있다. 마찬가지로 소송조건이 되는 친고죄의 고소와는 다르게 청구처럼 규정된 이유는 신고의 주체에 차이가 있는 것 외에 고소의 엄격한 방식을 그대로 준수하는 것이 적당하지 않

---

15) 黒澤睦, 親告罪における告訴の意義, 明治大學校 法學研究論集 第15號, 2001, 4면.

16) 자세한 내용은 본서 제4장을 참조.

17) 일본 형법 제92조.

18) 입문 일본형사수속법, 三井誠 등, 신동운역, 법문사, 2003, 15면.

19) 우리 형법은 일본 형법의 위 조항에 대응하는 조문으로 제109조에 외국의 국기, 국장의 모독죄를 두고 있다. 일본이 이를 고소와 비슷한 청구라는 개념을 사용하는 것과 다르게 우리 형법은 제110조에서 반의사불벌죄로 취급하고 있다.

다고 생각하기 때문이다.[20] 형법상 유일하게 청구를 가지고 논하는 죄인 외국국장
손해등 죄의 경우, 외국정부에 형사소송법 소정의 고소절차를 이행하는 것이 국제
예양상 좋지 않다는 취지에 의한 것이며, 기간제한도 없다.

4) 고소의 방식

고소는 서면 또는 구술로써 검사 또는 사법경찰관에게 하여야 하며, 검사 또
는 사법경찰관이 구술에 의한 고소 또는 고발을 받은 때에는 조서를 작성하여야
한다.

고소의 대상은 수사기관인 검사 또는 사법경찰관이므로, 수사기관이 아닌 법
원에 대하여 진정서를 제출하거나 피고인의 처벌을 바란다고 증언하는 것은 고소
로 볼 수 없다.[21] 따라서 이 판결은 고소가 수사의 단서로써 형사소송법상 사법경
찰관이 조사의무나 검사의 기소·불기소 처분의 통지의무 등에 비추어, 기소 전 수
사기관이나 소추기관과의 관계에 대한 권리임을 명확히 한 것이라고 할 수 있다.

또한 법문후단은 구술에 의한 고소 또는 고발의 경우 조서를 작성하여야 한다
고 규정함으로써, 구술에 의한 고소를 원칙적으로 인정함과 동시에 수사기관의 조
서작성의무를 명시하고 있다.

2. 고소권자와 고소의 특정

1) 피해자

우리 형사소송법 제223조는 "범죄로 인한 피해자는 고소할 수 있다."고 규정
하여 범죄피해자의 고소권을 인정하고 있다.

이때의 피해자는 직접적인 피해자에 한정되며, 간접적인 피해자는 이에 해
당되지 않는다. 예를 들면 강간죄에 있어서 강간피해여성 외에 이 여성의 남

---

20) 黑澤睦, 위의 글, 4면.

21) 대법원 1984.6.26. 선고 84도709 판결. "피고인들의 원판시 별지기재 일시 및 장소에서의 간통
   사실을 적시하고 피고인들을 엄벌에 처하여 달라는 내용의 진정서를 제출하고 또 증인으로 증
   언을 함에 있어서 판사의 신문에 대하여 피고인들의 위 간통사실에 대하여도 처벌을 바란다는
   취지의 진술을 하고 있음이 명백하나 공소외인의 위와 같은 진정서의 제출이나 증언사실은 고
   소로서의 효력이 없는 것…"

편22)은 강간죄의 고소권이 없다.23)

범죄의 피해자에게는 고소권 이외에 헌법상 재판절차진술권(헌법 제27조 제5
항)과 범죄피해구조청구권(헌법 제30조)이 보장되며, 검사의 불기소처분에 대한 재
정신청권(형사소송법 제260조)과 배상명령신청권(소송촉진 등에 관한 특례법 제25조,
제26조) 등이 보장된다.

피해자의 개념과 관련하여 해석상 문제가 될 수 있는 것은 첫째, 피해자의 고
소권을 인정하기 위해서는 어느 정도의 의사능력을 인정할 것인가의 문제, 둘째,
피해자의 개념을 실체적으로 볼 것인가 절차적으로 볼 것인가의 문제와 셋째, 범
죄의 피해자로 볼 것인가 법익의 피해자로 볼 것인가의 문제이다.

(1) 고소능력

고소권을 갖는 피해자는 고소능력이 있어야 한다. 즉, 이때의 고소능력은 처
벌의 의사능력의 문제이다. 처벌의 의사표시에 관련해서 어느 정도의 의사능력을
요하는지에 대해서 판례는 "고소를 함에는 소송행위능력, 즉 고소능력이 있어야
하는바, 고소능력은 피해를 받은 사실을 이해하고 고소에 따른 사회생활상의 이해
관계를 알아차릴 수 있는 사실상의 능력으로 충분함으로 민법상의 행위능력이 없
는 자라도 위와 같은 능력을 갖춘 자에게는 고소능력이 인정된다고 할 것이고, 고
소위임을 위한 능력도 위와 마찬가지라고 할 것이다."24)라고 하여 이때의 의사표
시는 사실상의 의사능력 있는 자의 표시이면 족하고, 민법상의 행위능력을 요하지
않는다고 본다. 이는 고소의 위임을 위한 능력의 경우도 마찬가지이다.

(2) 법적 피해자

피해자는 사실적 의미의 피해자와 법적 의미의 피해자를 상정할 수 있는바,
고소권이 인정되는 피해자의 개념에 있어서 사실적 의미의 피해자인지 법적 의미
의 피해자인지 확인할 필요가 있다. 이는 특히 사자명예훼손죄에 있어 문제가 된
다. 형사소송법 제227조는 사자명예훼손의 고소권자를 친족 또는 자손으로 규정
하고 있는바, 피해자는 자신이 친족 또는 자손임을 주장하는 자인지 아니면 법적

---

22) 다만, 피해여성이 금치산자이거나 한정치산자 혹은 미성년자여서 남편이 법정대리권을 가지는
경우는 고소의 법정대리권이 인정된다.

23) 김형준, 친고죄의 고소와 그 취소, 법학논문집 제24집 제2호, 중앙대학교 법학연구소, 2000, 48면.

24) 대법원 1999.2.9. 선고 98도2074; 2004.4.9. 선고 2004도664 판결.

으로 친족 또는 자손임이 확인된 자인지 인지하는 것이다. 즉, 본인은 자신이 사자의 친족 또는 자손으로 알고 있었으나, 법적으로는 친족 또는 자손이 아닌 경우에 고소를 제기하였다면 이 사람을 피해자라고 보아야 할 것인가가 문제 된다.

형사소송법 제327조와 관련하여 공소제기 당시에 소송조건이 결여되면 검사는 불기소 혹은 재판부는 공소기각 판결을 하여야 한다. 즉, 고소를 한 사람이 피해자가 아니라면 고소권자가 아니라는 것이 되며, 고소인이 피해자가 아니라는 것이 소송절차를 하는 중에 밝혀지면 이는 적법한 고소가 아니므로 친고죄에 있어서는 공소권없음으로 불기소하든지 공소기각 판결을 하여야 한다.

형사절차에서 피해자란 피해자라고 주장하는 자이지만, 그 사람은 고소권을 가진 피해자이어야 한다. 즉, 고소권자인 피해자는 사실적 의미의 피해자가 아니라 법적 의미의 피해자인 것이다. 피해자는 적법한 고소권자인지 확인된 피해자로 새겨야 할 것이다.

(3) 사회적 법익과 국가적 법익에 대한 고소에 있어 피해자의 문제

또한 형사소송법상 규정되어 있는 "범죄의 피해자"란 규정을 실제로 범죄에 의해 피해를 입은 자로 해석할 것인가, 법익의 침해를 받은 자로 해석할 것인가가 문제 된다. 범죄의 피해자를 법문대로 해석하여 실질적인 해(harm)를 입은 자로 해석할 수도 있으나, "범죄"라는 규정을 이미 법익침해가 전제된 것으로 해석할 여지도 있기 때문이다. 이는 사회적 법익에 대한 고소권의 해석문제로 볼 수도 있다.

일반적으로 피해자는 법익의 피해를 받은 당사자로 그 법익의 귀속주체여야 한다.[25] 대법원도 상표권을 이전등록 받은 승계인이 피해자의 지위를 승계하는지에 대한 판결에서 이러한 태도를 취하였다.[26] 따라서 원칙적으로 개인적 법익을 침해하는 범죄의 경우에만 고소권이 발생할 수 있다고 해야 한다.[27] 고소권의 주체를 피해자로 규정한 것 자체가 고소는 개인적 법익에 대한 것임을 전제로 한 것으로 해석할 수 있기 때문이다.

그런데 우리 사법기관의 태도는 국가적 법익을 침해하는 범죄의 경우에 있어

---

25) 신동운, 위의 책, 135면.
26) 대법원 1995.9.26. 선고 94도2196 판결에서 "상표권을 이전등록 받은 승계인은 그 이전등록 이전에 발생한 침해에 대하여도 상표권의 성질상 그 권리의 주체로서 피해자인 지위를 승계한다."고 판시하였다.
27) 신동운, 위의 책, 135면.

서도 개인의 피해자성을 인정하고 있다.

헌법재판소는 "사회적 법익이나 국가적 법익을 침해하는 범죄라 하더라도 범죄의 수단이나 행위의 상대방이 된 사람은 피해자로서 고소권을 갖는다."[28]고 하여 고소권의 주체인 피해자를 개인적 법익을 침해당한 경우로 한정하지 않고, 사회적 법익이나 국가적 법익에 대한 피해자의 고소권을 인정한다.

동 결정은 "범죄피해자의 개념 또는 범위를 정함에 있어서는 보호법익의 주체만이 아니라 범죄의 수단이나 행위의 상대방도 포함되는 것으로 해석되고…."라고 하여 사회적 법익에 대한 피해자의 고소권을 인정[29]하는 이유를 특별히 설시하고 있지 않고, 다만 피해자의 개념을 범죄의 수단이나 행위의 상대방이라고 함으로서 사실적인 범죄의 피해자도 고소권의 주체인 피해자로 해석한다.

생각건대, 형사소송법 제223조의 피해자는 범죄에 의해 실질적인 피해를 받은 자를 가리킨다고 봐야 한다.

① 법익은 형법 각 규정의 해석론에 의하여 추상화된 개념이므로, 고소권의 주체가 개인이라는 것과 개인적 법익을 침해받은 것과는 구별해야 한다. 환언하면 개인적 법익을 침해받은 개인과 마찬가지로 사회적 법익과 국가적 법익의 침해행위에 의한 객체가 되는 실제 피해를 받은 개인도 고소권을 가진다고 보아야 한다. 이러한 취지에서 판례의 태도가 옳다고 본다.

② 그러나 국가적 법익의 경우에 있어서 개인이 피해자로서 고소권을 가진다는 것의 논거로 범죄의 대상이나 행위의 상대방이 되었다고 보는 것에는 의문이 있다. 원칙적으로는 고소권이 인정되는 피해자는 법익침해를 받은 당사자로서 그 법익의 귀속주체여야 하기 때문이다. 이러한 일반적인 원칙과 국가적 법익에 대한 피해자의 개념을 인정하는 것을 조화롭게 해석하기 위해서는 법익의 개념을 재고해 볼 필요가 있다. 침해되는 법익의 개념과 관련하여 본다면, 국가적 법익이 침해된 경우라도 개인적 법익이 함께 침해받은 것으로 볼 수도 있다. 즉 개인적 법익과 국가적 법익을 구분한다고 하여 국가적 법익을 보호하는 죄가 개인적 법익을 전혀 보호하고 있지 않

---

28) 헌법재판소 1993.7.29. 92헌마262결정.
29) 위 결정은 "국가기능의 공정한 행사를 보호법익으로 하는 직권남용죄의 보호법익의 주체는 아니지만, 행위의 상대방 또는 위 플래카드의 권리자로서 이 사건 직권남용죄의 피해자에 해당한다."고 하여 정당의 지구당 부위원장의 직권남용죄에 대한 피해자개념을 인정하였다.

다고 볼 수는 없다.

예를 들어, 공무집행방해죄에 있어서 보호법익은 적정한 공무집행이라고 보아야 하지만, 폭행 또는 협박을 받은 공무원은 범죄의 피해자로서 고소를 할 수 있는 것이며, 이것은 공무원의 개인적 법익이 함께 침해되었다고 해석될 수 있다.

따라서 국가적 법익에 대한 피해자의 개념과 고소권을 인정하여야 하며, 그 이유는 개인적 법익에 대한 침해도 부수적으로 일어났기 때문이라고 보아야 한다.

이 문제는 친고죄의 고소에 있어서도 마찬가지이다. 특히, 친고죄는 개인적 법익에 관한 것이므로 피해자의 개념을 개인적 법익의 침해를 받은 자로 한정하여 해석한다면 국가적 법익에 대한 친고죄의 규정은 개념상 상정하기 어렵다.

"법익의 침해를 받은 자"가 범죄 행위의 객체가 된 고소권자인 "범죄에 의한 피해를 입은 자"의 기준에 구체적인 해석의 도움을 줄 수는 있으나 이 두 가지는 구별되는 개념이고, 고소권자인 피해자는 후자와 같이 더욱 실질적인 해석을 하려는 것이 우리 헌법재판소의 태도이다. 다만 범죄에 의한 피해를 입은 자에 대한 기준은 침해법익의 주체에 대한 해석론으로도 가능하다. 따라서 형사소송법 제223조의 피해자 규정은 법익침해를 받은 당사자뿐 아니라 부수적으로 개인적 법익침해를 받은 범죄의 피해자로 보아야 할 것이다.

2) 피해자의 법정대리인의 고소권의 성격

피해자 외에 법정대리인도 고소권이 있다. 형사소송법 제225조 제1항은 "피해자가 금치산자나 한정치산자 또는 미성년자인 경우에 피해자의 법정대리인은 독립하여 고소권을 갖는다."라고 규정하고 있다. 이는 피해자가 고소권을 갖는 이외에 이와 같은 경우 피해자의 법정대리인도 고소권을 가진다는 것이다. 다만 독립하여 고소권을 갖는다는 의미에 관하여 피해자의 고소권이 소멸한 경우에도 법정대리인에게 고소권이 인정되는가에 대해서는 독립대리권설과 고유권설의 대립이 있다.

(1) 독립대리권설

독립대리권설[30]은 고소권의 일신전속적인 성질을 강조하는 입장으로 피해자

---

30) 백형구, 형사소송법 강의, 2001, 51면; 송광섭, 형사소송법, 2003, 345면; 신양균, 형사소송법, 2004,

의 고소권이 소멸하면 법정대리인의 고소권도 소멸하며, 피해자는 법정대리인의 고소를 취소할 수 있다고 한다.

(2) 고유권설

고유권설[31]은 무능력자의 보호를 강조하는 입장으로 피해자의 고소권 소멸 여부와 관계없이 법정대리인은 고소권을 행사할 수 있으며, 피해자는 법정대리인의 고소를 취소할 수 없다고 생각한다. 판례[32]의 입장이기도 하다.

생각건대, 무능력자의 법정대리인이 가지는 고소권은 고유한 권리라고 보는 것이 타당하다. 불기소처분이나 공소기각 판결과 같은 중요한 소송법적 효과를 발생시키는 고소권의 행사를 무능력자의 판단에만 맡길 수는 없을 뿐 아니라,[33] 친고죄에 있어서의 고소권은 형사절차에 피해자에게 권한을 부여하는 것으로서 피해자의 의사를 중시하려는 제도이므로 기본적으로 피해자를 보호하려는 것이다. 여기에 무능력자의 대리인 제도로 본인을 위한 제도이기 때문에 피해자 본인을 두텁게 보호하기 위해서 고유권설을 취하는 것이 옳다고 본다.

3) 피해자의 배우자 및 친족

고소권은 일반적으로 피해자 및 법정대리인에게 인정되지만, 특별한 범죄에 있어서는 아래의 사람이 고소권을 가진다.

(1) 피해자가 사망한 경우

피해자가 사망한 때에는 그 배우자, 직계친족 또는 형제자매가 고소할 수 있다(형사소송법 제225조 제2항). 다만 피해자의 명시한 의사에 반하여 고소하지 못한다(동항 단서). 이에 대해서는 사망 시 친족 등의 고소권을 고유권이라고 보는 견해[34]와 단서의 피해자의 명시한 의사에 반하지 못한다는 규정상 독립대리권으로

96면; 신현주, 형사소송법, 202, 212면; 이재상, 신형사소송법, 2007, 198면; 정영석·이형국, 형사소송법, 1996, 154면; 진계호, 형사소송법, 2004, 212면.
31) 배종대·이상돈, 형사소송법, 2006, 190면; 신동운, 136면; 이영란, 한국형사소송법, 2007, 234면; 임동규, 형사소송법, 2006, 134면; 정웅석·백승민, 형사소송법, 2007, 446면; 차용석·최용성, 형사소송법, 2004, 177면.
32) 대법원 1999.12.24. 선고 99도3784.
33) 신동운, 위의 책, 136면.
34) 배종대·이상돈, 191면; 송광섭, 346면; 이재상, 198면; 임동규, 134면; 정웅석·백승민, 446면; 진

보아야 한다는 견해[35]가 대립하고 있다.

이 경우 단서조항이 없으면 배우자, 직계친족 또는 형제자매는 고유권을 갖는 다고 할 수 있으나, 단서조항에 의해 직접피해자의 의사에 고소권의 행사 여부를 결정할 수 있게 하고 있다. 먼저 본문만을 가지고 본다면 피해자는 사망하였으므 로 고소를 취소할 수도 없고, 피해자의 고소권 소멸 여부와 관계없이 배우자 등은 고소권을 가지고 있다. 굳이 고유권설과 독립대리권설의 논의를 거치지 않더라도 본 조항에 의해 고유권적 성질을 가지는 것이다.

고유권설과 독립대리권설은 피해자가 본인의 권리와 법정대리인 등의 권리와 의 결연관계에 대한 대립이라고 볼 수 있다. 고유권설에 의하면 법정대리인 등은 피해자의 고소권과 관계없이 고소권을 행사할 수 있으나, 독립대리권설에 있어서 법정대리인 등의 고소권은 피해자 고소권의 소멸이나, 피해자의 취소로 영향을 받 는다.

이 조항은 그 결연 정도에 있어서 두 학설의 사이에 있는 것으로 보이며, 위에 서 알아본 바와 같이 독립대리권설보다 고유권설이 피해자의 보호에 유리하므로, 본문조항은 고유권의 원칙을 규정하고 단서에서 그 제한을 규정한 것으로 해석하 여 제한적인 고유권으로 보아야 할 것이다.

(2) 사자명예훼손의 경우

형사소송법 제227조는 사자의 명예를 훼손한 범죄에 대하여는 그 친족 또는 자손은 고소할 수 있다고 규정하고 있다. 사자명예훼손죄는 그 범죄의 성질상 피 해자[36]를 친족 또는 자손으로 보아야 하므로 고유권으로 보아야 할 것이다.

(3) 법정대리인이 피의자, 법정대리인의 친족이 피의자인 경우

또한 형사소송법 제226조는 피해자의 법정대리인이 피의자이거나 법정대리인 의 친족이 피의자인 때에는 피해자의 친족은 독립하여 고소할 수 있다고 규정하고 있다. 법정대리인의 고소권을 고유권으로 보아야 하므로, 이 경우 친족의 고소권 도 또한 고유권으로 보아야 할 것이다.[37]

계호, 213면.

35) 백형구, 51면; 신동운, 136면; 이영한, 235면; 차용석·최용성, 177면.

36) 위에서 알아보았듯이, 이때의 피해자는 범죄의 사실상 피해자가 아닌 법적 피해자를 의미한다.

37) 신동운, 위의 책, 137면.

4) 지정고소권자, 고소의 대리

형사소송법 제228조에 따르면 친고죄에 대하여 고소할 자가 없는 경우에 이해관계인의 신청이 있으면 검사는 10일 이내에 고소할 수 있는 자를 지정하여야 한다.

고소권자가 고소권을 상실하거나 고소하지 아니할 의사를 명시하고 사망한 경우는 고소할 자가 없는 경우에 해당하지 않는다. 지정고소권자는 친족 등 고소권자가 존재하지 않는 경우에 보충적으로 인정되기 때문이다.[38]

또한 형사소송법 제236조에 의해 고소와 그 취소는 대리인으로 하여금 하게 할 수도 있다. 동 조항에 의한 대리인의 고소의 경우 대리권이 정당한 고소권자에 의하여 수여되었음이 실질적으로 증명되었다면 그 방식에 특별한 제한은 없다. 따라서 친고죄에 있어서 피해자로부터 고소를 위임받은 대리인은 수사기관에 구술에 의한 방식으로 고소를 제기할 수도 있다.[39]

5) 고소의 특징

(1) 범죄의 특정

고소는 고소권자가 수사기관에 범죄사실을 신고하여 범인의 처벌을 구하는 의사표시이므로 그 범죄사실 등이 구체적으로 특정되어야 한다.[40] 고소의 특정에 있어서 문제가 되는 것은 고소의 대상이 "가해자, 범인"인가 "사건, 범죄"인가 하는 것이다. 즉, 범인을 적시하여 고소하여야 하는가이다.

우리 판례는 "고소인은 범죄사실을 특정하여 신고하면 족하고 범인이 누구인지 적시할 필요도 없는바 …."라고 하여 범인의 적시가 필요치 않다[41]는 태도를 취하고 있다. 또한 동 판결에서는 "나아가 범인 중 처벌을 구하는 자가 누구인지"에 대해서도 적시할 필요가 없다고 한다. 양벌규정에 있어서도 양벌규정에 의하여 처벌받는 자에 대하여 별도의 고소를 요하지 않는다고 판시한다.[42] 즉, 고소의 특

---

38) 형사소송법 제225조 제2항은 피해자 사망시 배우자 등의 고소권을 인정하고 있으나, 단서에서 피해자의 명시한 의사에 반하지 못한다고 규정하고 있으므로, 이는 보충적 성격을 가진 것으로 이해하여야 한다.

39) 대법원 2002.6.14. 선고 2000도4595 판결.

40) 신동운, 위의 책, 141면.

41) 대법원 1996.3.12. 선고 94도2423 판결.

42) "저작권법 제103조의 양벌규정은 직접 위법행위를 한 자 이외에 아무런 조건이나 면책조항 없

정은 범죄사실의 특정으로 족하고 범인적시 여부나 범인 중 처벌을 구하는 자에 대한 적시는 요하지 않는다. 즉, 고소는 피해자가 범인을 특정하여 그 처벌을 요구하는 것에 중점을 두는 것이 아니라, 피해를 입은 범죄에 대해 범죄의 처벌을 요구하는 것에 중점이 있다.

따라서 고소는 어떤 특정의 "범인 또는 가해자"를 대상으로 행해지는 것이 아니라 "범죄 또는 사건"을 대상으로 행해진다고 보아야 한다.

다만, 이러한 해석이 특정의 범인 또는 가해자를 대상으로 한 고소의 효력을 부인하는 것은 아니고, 이는 당연히 유효한 것으로 보아야 한다. 왜냐하면 범죄의 특정이라는 개념이 범인의 특정이라는 개념을 배제한다고 볼 수는 없고, 전자가 후자를 포함하는 것으로 보아야 하기 때문이다. 즉, 범죄를 특정하고 범인을 특정하지 않은 경우의 고소를 유효한 것으로 보는 것이지, 범인을 특정한 경우를 무효라고 할 수는 없을 것이다. 이것은 또한 고소기간의 기산점이 "범인을 알게 된 날"로 규정되어 있어, 고소권에서 피해자와 범인과의 관계성이 중시되고 있는 것을 보아도 알 수 있다.

(2) 범인의 특정

고소에 있어서 범죄를 특정하면 족하고 범인을 대상으로 하지 않는다는 것은 첫째, 범인을 지정하지 않은 경우와 둘째, 범인을 잘못 지정한 경우의 두 가지로 나누어서 생각할 수 있다.

이와 관련하여 우리의 판례는 명확한 입장을 취하고 있지 않다.

① 범인의 적시 여부

우리 판례는 "친고죄에 있어 고소기간의 기산점은 통상인이 고소를 할 수 있을 정도로 범죄사실 및 진범인을 알 수 있을 때라고 할 것인 바"[43]라고 판시하고 있다. "범죄사실 및 진범인을 알 수 있을 때"라고 판시함으로써 범인의 적시 여부에 대해 명확한 입장을 취하고 있지 않고 있다. 다만, 이때 범인의

이 그 업무의 주체 등을 당연하게 처벌하도록 되어 있는 규정으로써 당해 위법행위와 별개의 범죄를 규정한 것이라고는 할 수 없으므로, 친고죄의 경우에 있어서도 행위자의 범죄에 대한 고소가 있으면 족하고, 나아가 양벌규정에 의하여 처벌받는 자에 대하여 별도의 고소를 요한다고 할 수는 없다."

43) 서울형사지법 1986.1.24. 선고 85노5598 판결.

해석은 "진범"이어야 한다고 판시하였다.

② 진범 여부

그 후 다른 판결에서는 "범인은 알게 된다 함은 통상인의 입장에서 보아 고소권자가 고소할 수 있을 정도로 범죄사실과 범인을 아는 것을 의미하고"[44] 라고 하여 다시 "범인"이라고 판시한 바 있다.

그러나 이 판결은 진범과 범인을 구별하는 해석이 없으므로 보여 단지 법 문상의 용어를 그대로 표현한 것으로 보인다.

또한 이와 관련하여 판례는 "범인을 알게 된다 함은 범인이 누구인지 특 정할 수 있을 정도로 알게 된다는 것을 의미하고, 범인의 동일성을 식별할 수 있을 정도로 인식함으로써 족하며, 범인의 성명, 주소, 연령 등까지 알 필요는 없다."[45]고 판시하고 있다.

이 판결의 경우에 범인이 누구인지 특정할 수 있을 정도라고 하여 범인의 적시에 있어 특정의 정도만을 밝히고 있을 뿐이지 그가 진범인지 아닌지에 대 한 태도는 보이지 않는다.

위의 판결들에서 "진범임을 알 수 있을 때"와 "범인을 아는 것"이란 "(진범 여 부를 떠나) 범인임을 알 수 있을 때"라고 새겨야 할 것이다.

고소는 범죄의 피해에 대해 국가형벌권의 발동을 촉구하는 개인적인 의사표시 이며, 이는 법적인 권리의 개념이다. 따라서 위의 두 가지 경우 모두 유효한 고소 라고 하여야 한다. 만약 그렇지 않다면 첫 번째 경우는 범죄의 피해를 입은 자가 범인을 발견해야 한다는 것이고, 두 번째 경우는 진범을 밝혀서 고소해야 하는 것 이 되기 때문이다.

고소권에 대응하여 국가는 수리의무와 조사의무를 가지고 있으므로 고소의 특 정을 범인의 특정으로 보는 것은 제도의 취지상 옳다고 할 수 없다. 따라서 범인을 지정하지 않거나 잘못하여 타인을 범인으로 지정한 고소 모두에 대해서 유효하다 고 하여야 한다.

44) 대법원 2001.10.9. 선고 2001도3106 판결.
45) 대법원 1999.4.23. 선고 99도576 판결.

3. 고소의 효력

우리 형사소송법은 고소가 있는 경우에 사법경찰관과 검사에게 다음과 같은 의무를 특별히 부과함으로써 고소에 대해 실질적인 효력을 부여하고 있다.

사법경찰관에 대해서는 형사소송법 제238조에서 사법경찰관의 수사의무와 고소관계 서류·증거물의 검사에게로의 송치규정을 두고 있으며, 검사에게는 동법 제257조에서 수사완료의무와 공소제기 여부에 대한 결정, 제258조에서 기소·불기소 등의 통지의무와 처분의 취지에 대한 통지의무, 제259조에서 불기소 처분의 이유 고지의무를 두고 있다.

1) 사법경찰관의 조사의무 · 송치의무

형사소송법 제238조(고소, 고발과 사법경찰관의 조치)는 "사법경찰관이 고소 또는 고발을 받은 때에는 신속히 조사하여 관계서류와 증거물을 검사에게 송부하여야 한다."고 규정하고 있다.

사법경찰관의 조사의무와 고소관계 서류·증거물의 검사에게로의 송치의무를 규정한 취지에 대해서는 고소인의 이익과 의사존중이 동 조문의 취지이고, 이러한 취지는 편리한 사건처리, 그리고 빠른 조사와 기소의 가능성을 보장함으로써 실현되고 있다고 보는 견해[46]가 있다. 즉, 고소사건은 민형사상의 법률관계 및 사실관계가 복잡하므로 충분한 법률지식을 가지지 않으면 정확한 조사를 할 수 없고, 조사가 장기화되어 결론을 얻지 못할 수도 있으므로, 조서는 처음부터 경찰관이나 검사가 관여하는 것이 상당하다[47]고 한다. 또한 고소인 보호의 관점에서 빠른 사건처리를 위해 빠른 시간 내에 검사에게 송치하려는 취지[48]라고 한다.

이 견해는 동 조문이 고소권의 기능 또는 효력으로써 고소인의 이익과 의사를 존중하고 있다는 점은 이론의 여지가 없으나, 동 조문의 취지를 위와 같이 조사의 편리성과 신속성을 부각하여 해석하는 것은 옳지 못하다고 본다.

왜냐하면 고소에 대해 신속한 조사의무와 송치의무를 "신속"에 중점을 두어 위와 같이 해석할 경우에는 "의무"에 대한 취지를 몰각한 해석이 되기 때문이다.

---

46) 黒澤睦, 親告罪における告訴の意義, 明治大學校 法學研究論集 第15號, 2001, 2-3면.

47) 黒澤睦,, 위의 글, 2면.

48) 黒澤睦,, 위의 글, 3면.

고소에 있어 보다 본질적인 것은 피해자 등의 의사에 따른 국가기관의 의무이므로 신속한 조사와 송치의 "의무"라는 것에 중점을 두어 해석하여야 한다. 따라서 위 조문은 기본적으로 고소권자에 대해 조사와 송치의무를 규정한 조문이며, 부수적으로 이때의 의무를 신속하게 행하여야 한다고 새기는 것이 옳다고 본다.

2) 검사의 처분에 대한 통지의무·고지의무

두 번째로 검사의 수사완료의무와 공소제기 여부에 대한 결정, 기소·불기소 등의 통지의무와 처분의 취지에 대한 통지의무, 불기소 처분의 이유 고지의무에 대해서는 ① 고소권자의 이익과 의사의 존중과 ② 검사의 기소재량의 보장이라고 하는 관점이 있을 수 있다.

즉, 고소에 대한 검사의 제반의무는 고소권자를 위한 보장적 관점에서 해석할 수도 있으나, 공소제기 여부나 불기소 처분을 전제49)로 하고 있다는 점에서 고소에 대한 검사의 재량권한 부여 관점에서 해석할 수도 있다.

이 두 가지 관점이 모두 해석이 가능하기는 하지만 동 조문은 우선적으로 고소인의 보호·의사의 존중이라고 하여야 한다. 왜냐하면 형사소송법 제257조는 "검사가 ⋯ 수사를 완료하여 공소제기 여부를 결정하여야 한다.", 동법 제258조는 "검사는 ⋯ 통지하여야 한다.", 동법 제259조는 "검사는 ⋯ 설명하여야 한다."는 의무를 형식으로 규정되어 있으므로, 기본적으로 고소에 대한 검사의 의무를 정하고 있다고 보아야 하기 때문이다.

이렇듯 위 조문은 기본적으로 검사의 의무를 규정하고 있고, 따라서 고소를 한 경우 고소인의 보호규정으로 해석하여야 한다.

검사의 기소재량은 형사소송법 제247조의 기소편의주의에 의해 보장되는 것이고, 위 조문들은 검사의 기소재량이 인정됨을 전제로 단순히 서술한 것에 불과하다. 이 조문을 검사의 재량권 여부에 대한 인정 또는 확인 규정으로 보기는 어렵다고 본다.

위 조문이 검사의 기소재량 측면에서 의미를 갖는 것은 고소인의 고소권과 검사의 기소재량이 충돌한 경우에도 기소편의주의를 유지시켜준다는 것이다. 검사

---

49) 형사소송법 제257조의 규정상 "공소제기 여부의 결정", 제259조의 규정상 "공소를 제기하지 아니하는 처분을 한 경우"라는 부분을 적극적으로 이해할 경우 이러한 해석이 가능할 수 있다.

는 기소편의주의에 의해 당연히 기소와 불기소를 결정할 수 있으며 이는 고소가 있는 경우에도 적용된다. 즉, 고소가 있는 경우에도 불기소할 수 있는 권한이 있다는 것을 확인하는 규정으로 보아야 한다.

위 조문에 대해 검사의 기소재량 보장은 고소인의 의사존중이 달성된 경우의 파생적 효과라는 견해[50]가 있다. 이 견해에 따르면 검사의 기소재량 보장이 요구되는 근본적인 이유는 고소가 가지는 피해자 관계적인 의의를 적극 고려하여, 고소인의 의사 존중에 있다고 본다.

이 견해는 검사의 기소재량을 고소인의 의사존중과 연관지어 해석하고 있다는 점에서 그 취지는 발전적이라고 할 수 있다. 다만 여기에서 고소의 의사를 존중한 기소재량권행사는 기소처분을 하는 것이다. 왜냐하면 고소란 처벌을 원하는 의사표시이기 때문이다. 그러나 위에서 알아보았듯이 이 조문의 해석상 검사의 권한은 고소에 대한 불기소의 권한을 확인한 것이므로 결론에 찬성하기는 어렵다.

3) 검사와 사법경찰관의 조서작성의무

형사소송법 제237조는 검사 또는 사법경찰관이 구술에 의한 고소 또는 고발을 받은 때에는 조서를 작성하여야 한다고 규정하여, 구술고소에 대한 조서작성의무를 명시하고 있다. 따라서 고소장을 작성하지 않은 경우에도 당연히 고소의 효력은 인정되는 것이며, 이 규정에 의해 수사기관은 조서작성의무를 지는 것이므로 고소인에게 고소장을 작성하라는 요구를 할 수는 없다.[51] 이는 피해자의 고소권에 대한 수사기관의 의무조항이기 때문이다.

4. 친고죄의 고소

1) 소송조건

친고죄의 고소는 형사절차상 수사의 단서인 통상의 고소와 다른 의미를 가지고 있다. 통상의 고소는 이에 의해 비로소 수사가 진행되므로 수사단서로써의 의

---

50) 黑澤睦, 위의 글, 3면.

51) 따라서 통상적으로 피해자의 구술 고소에 대해 고소장의 작성을 요구하는 수사기관의 행태는 재고되어야 한다.

미를 가지지만 친고죄의 고소는 형사절차의 진행을 좌우하므로 소송조건으로서의 의미를 가진다. 즉, 형법상 친고죄인 범죄는 "고소가 있어야 공소를 제기할 수 있다."[52]고 규정되어 있다.

이는 소추조건으로 구체적으로는 검사의 기소권한에 영향을 미친다. 따라서 친고죄에 있어 고소가 있어야만 검사는 공소를 제기할 수 있고, 고소한 범죄에 대해 고소취소가 있다면 검사는 기소권을 행사하지 못한다.

즉, 친고죄는 피해자의 의사에 의해 국가형벌권을 발동·정지시킬 수 있다.

2) 의사표시의 내용

이러한 피해자의 의사와 관련하여 다음과 같은 해석상의 논의가 있을 수 있다.

고소란 예를 들어 「범죄피해자, 그 외 어떠한 자가 수사기관에 대해서 범죄사실을 신고하고 그 소추를 요구하는 의사표시」의 의미인지, 또는 「피해자 그 외에 법률상 고소권을 가지는 자가 검사 또는 사법경찰관에게 범죄사실을 신고하고 타인의 처벌을 요구하는 의사표시」의 의미인지이다.[53]

이 두 가지 정의의 차이점은 고소권자의 의사표시가 「소추」를 요구하는 것인지 아니면 「처벌」을 요구하는 것인지에 있다.

친고죄의 고소가 일반적으로는 소송조건이며 처벌조건은 아니기 때문에 소추를 요구하는 의사표시가 고소라고 해석할 수 있는 여지도 있다.

그러나 친고죄의 고소가 소송조건이라 해도 그것이 「소추」를 요구하는 의사표시라고는 할 수 없다. 법문상에는 「고소」로만 규정되어있고, 이 실질적인 내용이 문제가 되고 있기 때문에 고소가 피해자 등에게 인정되고 있다는 사실이나 그 고소권자가 고소에 있어서 보통 가지는 구체적인 의사내용을 고려하여 「처벌」을 요구하는 것이라고 정의하는 것이 적절하다.

따라서 고소란 범죄피해자와 그 외 어떤 자가 수사기관에 대해서 범죄사실을 고하고 그 처벌을 요구하는 의사표시라고 새겨야 한다.

---

52) 형법 제312조, 제328조 등.

53) 개념상 소추의 의사표시와 처벌의 의사표시를 다르지 않게 생각할 수도 있으나, 일반인인 피해자의 입장에서는 소추의 인식 없이 처벌의 의사만을 표시할 수도 있으므로, 두 가지의 개념상 구분을 하여야 한다.

친고죄뿐만 아니라 관세법,[54] 독점규제 및 공정거래에 관한 법률,[55] 물가안정에 관한 법률,[56] 외국인투자 및 외자도입에 관한 법률, 조세범처벌법, 출입국관리법, 하도급거래 공정화에 관한 법률, 항공법, 해운법 등에는 일정한 지위에 있는 자의 고발을 소추조건으로 하는 범죄유형도 있다.

---

[54] 관세법 제284조(공소의요건) ① 관세범에 관한 사건은 관세청장 또는 세관장의 고발이 없는 한 검사는 공소를 제기할 수 없다.

[55] 독점규제 및 공정거래에 관한 법률 제71조(고발) ① 제66조 및 제67조의 죄는 공정거래위원회의 고발이 있어야 공소를 제기할 수 있다.
　② 공정거래위원회는 제66조 및 제67조의 죄 중 그 위반의 정도가 객관적으로 명백하고 중대하여 경쟁질서를 현저히 저해한다고 인정하는 경우에는 검찰총장에게 고발하여야 한다.
　③ 검찰총장은 제2항의 규정에 의한 고발요건에 해당하는 사실이 있음을 공정거래위원회에 통보하여 고발을 요청할 수 있다.
　⑥ 공정거래위원회는 공소가 제기된 후에는 고발을 취소하지 못한다.

[56] 물가안정에 관한 법률 제31조(고발), 제25조 및 제26조의 죄는 주무부장관의 고발이 있어야 논한다.

02

친고죄에 있어 범죄피해자의 권리

1. 친고죄의 기원(起源)

1) 12표법

12표법은 B.C.451년 제정된 로마 최초의 성문법으로써, 법에 관한 지식을 귀족이 독점하였던 것에 대한 평민의 반항으로 인한 타협의 산물로 제정되어 공공장소인 시장에 공시되었다. 일반적으로 로마의 형사절차는 정무관과 민회에 의한 인민재판단계, 배심재판, 원수정과 더불어 도입된 비상심리절차의 단계로 구분[57]하는데, 12표법은 이 이전 단계로써 전로마법 단계로 불린다. 당시 존재하던 관습법과 판례법의 일부가 성문화되어 공시되었으나 여전히 법의 제정 등에 귀족층이 주도권을 잡고 있었다.

12표법[58]이 존재하던 시기는 형벌권의 주체가 국가가 아닌 피해자로 인정되는 즉, 공(公)형벌권이 발생하기 전 사(私)형벌권이 인정되던 시대였다. 국가형벌권이 확립된 오늘날 12표법의 이러한 경향은 친고죄가 나타나게 된 배경을 확인하는데 도움을 줄 수 있을 것이다.

12표법은 귀족과 평민 간의 투쟁에서 획득한 산물로써, 기원전 452년에 시작하여 459년에 완성되었다.[59] 당시에는 귀족출신의 사제(司祭)만이 법적 지식을 가

---

[57] 최병조, 로마형법 소고: D.48.8 살인범에 관한 코르넬리우스법 역주, 서울대학교 법학 제38권 제3호, 1997, 81-82편.

[58] 12표법의 번역과 관련하여서는, 최병조, 고대 로마 십이표법의 번역과 관련하여, 서울대학교 법학 제51권 제3호, 2010, 참조.

[59] 박상기, 독일형법사, 율국출판사, 1993, 23면.

지고 있었으나 12표법에 의해 모든 로마인에게 기본적인 법률이 알려졌다. 이는 공개된 장소에서 글로 표현되었으므로 최초의 성문법이라고 할 수 있다.[60]

12표법은 범죄피해자에 의한 사적인 복수를 형법의 이념으로 삼았으며 이에 따라 형벌의 주체가 대체로 피해자였다. 국가에 의한 처벌은 반역죄 및 공동체를 직접 위협하는 중범죄들과 같은 국가에 대한 범죄에 대해서 행해졌다.[61]

예를 들면, 살인자는 피해자의 종족이 처벌하였고, 의도하지 않은 살인의 경우에는 가해자가 피해자의 종족에게 숫양을 제공하고 이들은 숫양을 범인 대신 죽였다. 또한 피해자가 범행이 명백히 드러나는 절도의 현행범을 붙잡아 국가에 넘기면 국가는 피해자에게 범인을 넘겨 처분권한을 주었고, 피해자는 가해자를 살해하든가 석방금을 받을 수 있었다.

이후, 점차 복수의 허용을 중범죄에 제한하며, 범죄자를 격리하고 이렇게 하여 사회를 종족에 의한 피의 복수라는 위험에서 보호하기 위해 국가기관의 통제하에 두는 것을 목표로 하게 되었다.[62]

2) 공형벌권의 발생

이에 따라 대도시국가로 발전하는 공화정 말기에 와서는 사회적 긴장이 증가하며,[63] 정치와 행정이 복잡해져서 일반인이 형사사건에 관여하기에 역부족이 되어[64] 공적인 형사법원이 설치되었다. 공화정 말기에는 정무관과 민회에 의한 인민재판이 존재하였으며, 확정된 형벌이 정해진 바 없고 정무관의 재량에 의해 인정한 형을 민회가 승인하는 방식이었다.[65] 다음 단계로 배심재판이 실시되었으며, 이 단계의 특징은 법정을 설치하는 법률에 의하여 확정된 형벌이 규정되었다는 것이다.[66] 키케로 시대의 형사법정은 상설배심법정[67]이었고, 각 법정은 법률이 정한

---

60) 그 내용이 시장 혹은 광장에 공시되었는데 동판으로 세워졌다고 하여 12동판법으로 부르기도 한다.
61) 박상기, 위의 책, 24면.
62) 박상기, 위의 책, 26면.
63) 박상기, 위의 책, 29면.
64) 박상기, 위의 책, 30면.
65) 최병조, 위의 글, 81면.
66) 최병조, 위의 글, 82면.
67) 배심원의 수는 30~75인 사이로 통상 51인으로 정해졌고, 판결은 다수결에 의하며, 이 판결에 대해서는 상소할 수 없다고 한다. 최병조, 위의 글, 83면.

특정한 범죄를 다루었다.

이와 같은 과정을 통해 이전까지 피해자의 형벌권이 인정되었던 살인, 주거침입, 폭력 등의 범죄에 대해 담당법원이 생기게 되었다. 로마법 시대에 범죄와 관련된 가해자, 피해자, 혹은 증인은 다른 취급을 받았다.[68]

국가가 개인적 범죄에 대해서도 형벌권을 행사함에 따라, 이때부터 피해자의 권리뿐만 아니라 피고인의 방어권에 대한 인식이 시작되었다. 국가가 형벌권을 행사하기 시작하면서 피고인의 방어권개념이 만들어진 것이다. 피해자의 형벌권, 즉 사적 형벌권에서 공적 형벌권으로의 변화에 따라 피해자는 직접 형벌권을 가지는 대신 국가의 형벌권 행사에 대한 권리를 가지게 되었고, 피고인은 국가의 형벌권 행사에 대한 방어의 권리를 가지게 되었다. 즉, 피해자와 피고인 모두 국가에 대한 권리[69]를 갖게 된 것이다. 다만 피고인의 방어권은 피해자의 권리에 비해 조금 넓게 보장[70]받고 있었다.

형사법원이 설치되고, 국가형벌권이 전면에 나타남에 따라 피해자의 형사 관여 방식에 고소가 중요한 역할을 차지하게 되었다. 법원의 소송절차는 국가기관의 직권에 의해 개시된 것이 아니라 언제나 개인의 고소에 의해서 시작되었으며, 개인의 고소에 의해 소송당사자로서의 권리와 의무를 지게 되었으며, 경미범죄의 경우만을 제외하고 모든 시민은 소(訴)를 제기할 수 있게 하였다.[71] 이로써 개인의 형벌에 관한 권한은 사소(私訴)와 공중소추로 옮아가게 되었다.

즉, 로마법 시대에 형벌의 권한이 개인의 사형벌권에서 국가의 공형벌권으로 변화하면서 피해자는 국가의 형벌권 발동을 요구할 수 있는 고소의 권한을 가지게 되었는데, 이를 친고죄의 원형으로 볼 수 있을 것이다.

3) 독일에서 친고죄의 역사

고대 게르만법하에서의 범죄는 가해자가 피해자와 그 씨족에 대한 연고관계를

---

68) O.F. Robinson, The Criminal law of ancient Rome, The Johns Hopkins University, 1995, 15면.
69) 고소인과 피고인 양측 모두에게 유무죄의 여부에 대한 결정권한이 있는 심판원에 대해 특정인을 거절할 수 있는 권리와 증인에 대해 신문할 수 있는 권리가 인정되었다. 박상기, 위의 책, 31면.
70) 피고인은 자신의 변호인을 6명까지 선임할 수 있었고, 발언시간도 고소인에 비해 1.5배 정도 많이 허용되었다. 박상기, 위의 책, 32면.
71) 박상기, 위의 책, 31면.

침해하는 것이었으므로 범죄행위에 대한 소추는 사인의 권한에 속했다. 따라서 피해자가 범죄행위를 스스로 처벌하였고, 처벌의 절차는 재판 외의 방식도 포함되었다.[72] 이때 형벌의 형태는 범죄의 종류에 따랐다.[73]

이 시기에는 절차의 개시, 신문절차, 입증절차와 판결에 이르기까지 절차의 모든 주도권이 소송의 주체자인 피해자나 그 씨족에게 있었다.[74] 따라서 이 시기에는 공적인 형법과 형벌이 존재하였다고 볼 수 없다.[75]

그러나 프랑크 시대[76]로 넘어오면서 법 침해의 관념이 사적인 이해에서 공적인 것으로 바뀌기 시작하고 이를 확정하는 절차가 피해자 및 그 씨족의 의사에 좌우되어서는 안 된다는 개념이 자리 잡게 되었다. 이러한 관념의 변화에 따라 피해자의 형사절차상 지위는 약화되었는데, 이에는 피해자의 의사에 따라 처벌 여부와 정도가 좌우된다면 피해자가 배상금을 지급받은 경우에는 아무리 중요한 범죄라고 하더라도 국가가 소추할 수 없게 된다는 문제점과 자신이 임명한 재판관을 통해 형사절차를 장악함으로써 자신의 권력을 강화하려는 국왕권력 강화 의지도 들어있었다.[77] 특히 후자의 경우는 고소권과 관련이 깊다. 국왕이 임명한 재판관은 피해자 및 그 가족의 범죄에 대한 지위를 이어받아 고소를 통한 피해자의 기소기능을 가지게 된 것이다. 이러한 사고의 전환은 법에 대한 침해의 처벌을 피해자의 의사에 결정되게 하는 사법체계에 대한 비판으로써 국가의 범죄 소추 권한으로의 전환으로 이어졌다.

이러한 새로운 관념이 반영된 소송의 형태가 규문주의소송이다. 이러한 규문주의소송하에서 범죄는 가해자와 피해자의 관계의 침해라는 사적인 형태가 아닌

---

72) 黑澤睦, "告訴權의 歷史的 發展과 現代的 意義", 明治大學校 法學研究論集 第18号, 2003, 4면 이하.

73) 타키쿠스의 "게르마니아"에서는 당시의 재판은 반역자나 부역자는 나무에 교살하며, 전장에서 물러서는 자와 간음자는 늪이나 수렁에 넣은 다음 줄을 던져 나오게 하며, 범죄자에 대해 복수를 할 경우에는 그를 모든 사람 앞에 내세우며, 가벼운 범행에 대해서는 소나 말과 같은 가축으로 갚았다고 묘사되었다. 박상기, 위의 책, 38면.

74) 당시의 소송절차는 피해자와 그 가족의 보상요구가 국가의 형벌 권한보다 우선했다. 黑澤睦, 위의 글, 5면.

75) 박상기, 위의 책, 38면.

76) 프랑크 시대는 고대게르만인 중에서 서게르만계의 프랑크족이 세운 왕국으로서, 메로빙거 왕조의 클로비스가 프랑크제국을 건설한 481년부터 카롤링거왕조의 카알 3세가 재위한 843년까지를 일컫는다.

77) 黑澤睦, 위의 글, 6면.

가해자의 법질서 침해라는 공적인 형태로 인식되는 것이다. 따라서 사인이 형사절차에 능동적으로 관여한다든지 재판 외의 수난에 의해 분쟁을 해결할 가능성은 감소하게 되었다. 결국 이러한 규문주의소송하에서 피해자는 고소라는 형태로 범죄를 보고하고 국왕에게 도움을 요청할 가능성만이 남게 되어 사실상 형사절차의 국외자로 전락하게 되었다.[78]

이후 중세 말기 형사법상의 특징은 군주의 권력 강화와 이를 유지하려는 형사절차의 장악을 들 수 있다. 즉, 형벌권한의 국가 귀속은 국가권력 강화의 결과이다.[79] 이로써 중세에 사법과 구별되는 진정한 의미의 형법이 성립되었다.[80] 이를 위해 탄생한 것이 카롤리나 형법전이다. 이는 1523년 칼 5세의 형사재판령으로 제정·공포된 법전으로서 형법과 형사소송법의 내용을 모두 담고 있었다. 특히, 유괴·강간·간통·가족 간 절도에 있어서의 소송은 "형벌의 호소 또는 고소"에 의해서만 행해질 수 있다고 규정되어 있었다. 이 규정을 초기적인 형태의 고소권의 기원으로 볼 수 있으며, 최초의 친고죄로 볼 수 있다.[81] 이는 로마법의 내용을 포함하는 중세 이탈리아법이 계수된 독일 초기 보통법상의 영향이 형사절차에 나타난 것이라고 할 수 있는데, 친고죄의 고소권이 규정되어 있었다.[82] 다만 이 시기에도 사소에 의한 소송이 배제된 것은 아니며, 사소의 존치와 함께 조건을 강화하고 동시에 규문 재판과 결합시키는 형태이다.[83]

프랑스에서 시작한 계몽주의와 자유주의 사상이 독일에도 영향을 미침에 따라 18세기 중반에는 독일에서도 절대주의에 대한 반동으로 형법과 형사소송법상 범죄의 본질에 대한 사고방식의 전환을 요구하게 되었다. 즉, 형벌을 개인의 인권을 침해하는 것으로 이해하는 휴머니즘에 기초한 형사법의 개혁사상이 사안의 형사절차 참여를 강하게 요구하게 된 것이다.[84] 이러한 요구는 몇 가지 제도의 도입으

---

78) 黑澤睦, 위의 글, 5면.

79) 박상기, 위의 책, 77면.

80) 박상기, 위의 책, 73면.

81) 黑澤睦, 위의 글, 6면.

82) 그러나 이 봉건시대에는 고소권이 피해자의 권한에 큰 영향을 주지는 못했으며, 오히려 피해자에게 불리한 조건이 되었다고 보는 견해도 있다. 黑澤睦, 위의 글, 7면.

83) 즉 형사재판의 개시는 피해자가 사소를 하는 경우, 재판관이 스스로 절차를 시작하는 경우, 셋째는 국가가 임명한 소추관이 직권으로 소추를 하는 경우의 세 가지였다. 박상기, 위의 책, 119면.

84) 黑澤睦, 위의 글, 7면.

로 이어졌는데, 그 중 특기할 만한 것은 검사제도의 도입이다. 검사제도는 규문주의를 전제로 한 사법절차의 재판관 독점을 방지하기 위한 제도로 도입되었다. 사법절차의 재판관 독점을 막는 장치라는 점에서 검사제도는 고소권에 대해서도 많은 영향을 미쳤다. 친고죄가 사인이 고소권을 통해 적극적으로 소송에 관여할 수 있는 가능성을 열어두고 있는 것이므로 결과적으로 친고죄에 의해서도 규문소송에 대한 통제가 가능할 것이라는 긍정적인 인식이 확산하기 시작한 것이다.[85]

지방군주들에 의해 거부되어 온 친고죄는 프리드리히 대왕의 등극으로 전환을 맞이하였다. 그는 계몽군주를 자처하며 신앙의 자유를 허용하고 산업과 문화를 발전시켰는데, 형사법과 관련하여서는 프로이센 일반란트법[86]에 친고죄에 관한 내용을 규정하였다. 이 법을 현대적 소송권의 기원으로 볼 수 있으며, 고소권은 이 법전에서 처음으로 채용되어 구체화되었다.[87] 프로이센 일반란트법에서 친고죄는 가족공동체에 있어서 친족 간의 절도나 경미한 상해 등에 규정되어 있었고, 전체적으로 사인의 의사에 의해 간섭받지 않는 직권에 의한 형사소추가 반드시 필요하지 않고 사적 성격이 중시되는 범죄에 대하여 정해져 있었다. 다만 강간이나 유괴 등은 사적 성격과 공적 성격을 절충한 형태의 소위 조건부 친고죄로 규정되어 있었다. 즉, 프로이센 일반란트법에 규정된 친고죄는 입법기관이 규정한 직권에 의한 형사소추에는 어울리지 않는 범죄에 대한 고소를 요건을 함으로써 만들어졌다.

그 후 19세기 독일 형사법상 피해자가 절차에 관여할 수 있는 방법은 사인소추와 고소권이 있었다. 사인소추제도는 남용가능성으로 형사절차의 공정성이 훼손된다는 위험성이 있으므로 독일의 각 주는 1848년 이후 도입된 검찰제도[88]에 의한 통제를 기대했으나, 검찰제도 또한 기소편의주의와 기소독점주의의 폐해가 존재하는 문제점이 있었다.

---

85) 다만 독일에서는 기소법정주의 관념으로 인해 커다란 의미를 가지지는 못하였다. 黑澤睦, 위의 글, 7면.

86) 프리드리히 왕에 의해 1794년 제정된 프로이센이 법전을 말한다. 프로이센 보통국법이라고도 한다. 이 법이 시행되기 전에는 계승 로마법이 보충적으로 시행되었으나, 이 법이 시행된 지역에서는 로마법은 효력을 잃게 되었다.

87) 黑澤睦, 위의 글, 7면.

88) 독일 검찰제도의 형성에 대해서는, 문준영, 검찰제도의 연혁과 현대적 의미: 프랑스와 독일에서의 검찰제도와 검찰개념의 형성을 중심으로, 비교형사법연구 제8권 제1호, 한국비교형사법학회, 2006을 참조.

이에 반해 고소권은 형사소추절차에 사인이 관여함에 따른 남용의 문제점이 비교적 적을 것이라는 점이 인식되었고, 이러한 인식은 제국 형법전(1871년)과 제국 형사소송법전(1877년)상 고소에 관한 규정으로 나타났다. 제국 형법전에는 개별 고소에 관한 규정을 두고, 제국 형사소송법 제156조는 형법에 규정된 일정한 범죄의 경우에는 고소를 특별한 소송조건으로 규정함으로써 고소의 소송법적 성질을 명백히 하였다.

독일에 있어서 고소권의 역사적 발전과정을 살펴보면 범죄의 개념과 형사절차를 이용한 권력 강화 의지, 그리고 규문주의 타파를 위한 검사제도와의 관계에서 영향을 받으며 발전해 온 것을 알 수 있다.

4) 우리나라에의 도입

이상에서 고소권의 기원과 이에 따른 의미에 대해 알아보았다.

이러한 고소권의 조항은 유럽에서 일본으로, 일본에서 우리나라로 도입되었다고 할 수 있다. 우리나라의 형사법제도는 의용형사소송법에 의해 일본의 형법과 형사소송법을 계수하였기 때문이다.

우리 형사법의 제정은 대한민국이 건국되면서 출범한 '법전편찬위원회'에서 1949년 11월 12일 형법초안을 완성하면서 시작되었다.[89] 당시 입법의 상황은 첫 번째로 일제의 법령체계로부터 해방[90]되는 것과 두 번째로 법전편찬의 기술적 방침과 관련하여 특정한 입법례를 일응의 기준으로 삼아서 이를 수정·보완하는 방식으로 하는 것이었다.[91]

즉, 국어로 된 법을 급박하게 규정해야 하는 당시 상황에서 왜색이 묻어나지 않도록 하면서 일본의 입법례를 수정·보완하여 형법이 제정되었다. 이러한 일본법의 계수는 형사소송법의 제정에 있어서도 동일하다. 당시 입법자도 전쟁의 혼란한 와중[92]에

---

89) 신동운, 제정형법의 성립경위, 형사법연구 제20호, 2003, 12면.
90) 당시에는 특히 법문상 국어로의 순화에 중점을 두었다. 법전편찬위원이었던 엄상섭은 "법전 편찬의 중점을 어디에 둘 것인가? 일언으로 따진다면 왜색(倭色)의 일소(一掃)에 주력을 다하면 충분할 것"이라고 하였다. 신동운, 효당 엄상섭 형사소송법논집, 서울대학교출판부, 2005, 56면.
91) 신동운, 위의 글, 14면.
92) 김병로 대법원장은 "피난 중에 혹은 밤에 불이 없으면 머리로 숙려, 고찰을 하고, 불이 있고 날이 되면 외국서적과 나의 생각을 비교를 해서, 이래서 총망중에 편찬된 것"이라고 하였다. 형사소송법 제정자료집, 한국형사정책연구원, 106면.

일본 형사소송법93)을 참작94)하였다.95)

친고죄와 고소에 관련된 내용 또한 일본법의 영향을 받았다. 우리 법이 계수한 1948년 일본 형사소송법의 고소권 규정의 성립과정을 살펴보면 아래와 같다.

일본에 있어서는 메이지유신 이후 근대법제에 있어서 프랑스법의 영향을 받은 치죄법(1880년)에서 "누구든지 중죄, 경죄에 의해 피해를 입은 자는 범죄의 장소 또는 피고인 소재지의 예심판사, 검사, 사법경찰관에게 고소할 수 있다."고 하여 고소에 관한 규정들이 도입되었다. 이 치죄법은 프랑스의 보아소나드가 기초한 초안을 기초로 제정된 것으로, 나폴레옹이 지배했던 때의 프랑스의 「치죄법전」(1808년 제정)의 영향을 강하게 받고 있다고 여겨지고 있다. 보아소나드의 초안과 치죄법에는 소송에 관한 규정에 약간의 차이점이 존재한다. 예를 들어 치죄법 초안에서는 사법경찰관이 고소를 받은 경우 고소관계서류의 검사 송부 규정이 없었고(초안 제107조 제4항 참고), 불기소의 경우 그 이유의 고지가 고소사건 및 고발사건에 있어서 일정 범위 인정되었다(초안 제123조 후단).96) 또한 실제로 고소권에 큰 영향을 주고 있다고 여겨지는 검찰제도에 대해서는 우선 명치 5년에 「사법직무정제(司法職務定制)」에 의해 프랑스형 검찰관제도가 창설된 후, 명치 7년에 「검사직제장정사법경찰규칙(檢事職制章程司法警察規則)」에 의해 형사사건의 조사 및 기소의 권한이 한정되어있는 독일형 검찰관제도로 재편성되었다.97)

치죄법에서 사법경찰관이 서류송치의무,98) 검사의 기소 또는 불기소의 통지99)

---

93) 1948년 일본의 신형사소송법을 말한다.

94) 김병로 대법원장은 "미국 사람의 손으로 일본 형사소송법 전반에 걸쳐서 민주주의를 기본이념으로 하는 개정법률안을 일본 정부에다가 지시해서 일본 정부에서 그것을 그대로 형사소송법수정법을 넣어가지고서… 그래서 그 부분을 많이 우리 형사소송법에다가 참작을 했습니다."라고 하였다. 형사소송법 제정자료집, 266면.

95) 자세한 내용은, 신동운, 형사소송법의 제정경위, 형사법연구 제22호, 2004, 159면 이하를 참조.

96) 黑澤睦, 告訴權の歷史的發展と現代的意義, 明治大學校 法學硏究論集 第18号, 2003, 2면.

97) 일본의 검사제도의 도입에 관해서는 橫山晃一郎, "明治初年의 檢察官制度의 導入科程－比較法的觀點에서", 刑事裁判의 理論－鴨良弼 先生 古稀祝賀論集, 日本評論社, 1979년, 125면 이하, 鯰越溢弘, "個人訴追主義와 國家訴追主義", 法政硏究 48권1호, 九州大學法政學會, 1981년, 24면이하 등을 참고.

98) 이 내용은 현행 일본 형사소송법 제242조(고소·고발을 접수한 사법경찰원의 수속)에 남아있다.

99) 치죄법 당시에는 사소(私訴)가 인정되었으므로, 이 조항의 취지를 고소인이 사소를 하기 위한 것으로 해석하기도 한다. 치죄법에 대한 자세한 내용은 堀田正史, 治罪法餘論－日本立法資料全集, 信山社, 2000년 참고.

의무,100) 고소취소에 대한 내용이 규정101)되기 시작한 이래 일본법상 고소권 규정
은 독일의 영향을 받은 1890년 명치형사소송법에서 소폭102) 수정103)되었다. 그 후
독일의 제국형사소송법의 영향을 강하게 받은 1922년 대정형사소송법에서 큰 폭
으로 수정104)되었으며, 1948년 신형사소송법으로 이어졌다.

　1948년 미국의 영향을 받은 신형사소송법은 검사의 통지의무에 있어 통지의
대상이 고발인과 청구인에게까지 넓혀졌으며, 고소취소의 제한기간이 2심판결 전
에서 공소제기 전까지로 짧아졌다. 그 외 공무원이 직권남용 등 일부 범죄에 대해
서 검찰관의 불기소 처분에 불복이 있을 경우에는 사건을 재판소의 심판에 부칠
수 있는 부심판수속(付審判手續)(법 제262조 이하)이 창설되었다.105) 또한 미국의 대
배심을 참고하여 검찰심사가 만들어 사건이 불기소 될 경우에는 고소를 한 자 등
이 신청하여 심사를 요구할 수 있게 되었다.

　이상 알아본 바와 같이 일본 형사소송법상 고소권에 있어서는 현행과 같이 사
법경찰관의 송치의무, 검사의 기소 또는 불기소 처분의 통지의무 등이 규정되어
있었다.

　다만 고소기간제도가 도입되었고 고소취소기간이 변경되었다.

　고소기간제도는 치죄법 당시에는 제한이 없었으나 1922년 대정형사소송법에
서 6개월의 제한이 생겼으며, 고소취소의 기간은 치죄법 당시에는 제한이 없었으
나 1922년 대정형사소송법에서 2심판결 전으로, 1948년 신형사소송법에서 공소제
기 전으로 변경되었다.106)

　한편, 친고죄와 관련하여서는 최근에 피해자보호의 흐름에 따라 「범죄피해자
보호2법」 중에 형사소송법 및 검찰심사회법의 일부를 개정한 법률에서 친고죄인

---

100) 현행 일본 형사소송법 제260조(고소인 등에 대한 기소·불기소처분 등의 통지)로 규정되어 있다.
101) 다만, 고소와 고소취소의 기간제한은 규정되지 않았다고 한다. 黑澤睦, 위의 글, 3면.
102) 이는 1890년 재판소구성법이 공포됨에 따라 치죄법도 같이 개정된 것이므로, 실질적으로 치죄
　　법의 내용을 계승하고 있기 때문이라고 한다. 黑澤睦, 위의 글, 4면.
103) 다만, 사소가 없어지고 공소에 부대한 사소만 인정되게 되었으며, 부대사소에 고소가 요건이 되
　　지 않게 되었다. 黑澤睦, 위의 글, 4면.
104) 고소의 주관적 불가분의 규정, 6개월의 고소기간제도, 고소 취소기한의 2심판결 전 제한이 규
　　정되었다.
105) 일본에 있어 동제도의 성립과정과 개요에 대해서는 新屋達之, 起訴强制手續의 生成과 發展－付
　　審判手續의 理解의 前提, 法學雜紙 제34권 제1호, 오사카市立大學, 1987, 36쪽 이하 참고.
106) 우리 형사소송법상 고소취소의 제한은 1심판결선고 전으로 규정되어 있다.

성범죄의 고소기한이 철폐되었다.[107]

일본의 형사소송법은 고소의 취소·제한 기간의 차이만 제외한다면 우리 형사소송법과 거의 동일한 규정을 가지고 있다. 1922년 일본 형사소송법에 도입된 세 가지 규정, 즉 고소불가분의 원칙과 고소기간제도, 고소취소제한은 지금도 우리 형사소송법에서 해석의 다툼이 있다.

또 하나 위의 논의에서 알 수 있는 것은 고소권의 규정은 사(私)적 소추권이 공(公)적 소추로 변해가는 과정의 영향을 받았으며, 고소권은 사적 소추권의 제한적 변형으로 나타나고 있다는 것이다. 고소권, 특히 친고죄와 소추권, 기소주의와의 관계에 대해서는 4장에서 논하기로 한다.

2. 친고죄의 입법근거

친고죄는 국가의 독점적인 형벌권한을 제한하므로 피해자를 보호하기 위해 특정한 범죄를 친고죄로 규정하는 필요성에 대해서는 다음과 같은 관점이 존재한다. 첫 번째는 친고죄를 형법으로부터 범죄자를 보호하는 불건전한 경향의 표출이라고 보는 관점이다. 이 관점에 따르면 친고죄제도는 침묵하는 피해자에게 손해를 끼치며, 국가기관의 형벌집행권을 고소자의 자의에 의존하게 함으로써 공공의 이익보다 사인(私人)의 이익을 우선시하고 형법을 사인(私人)의 보상에 기여하도록 한다는 것이다. 두 번째는 국가의 독점적 형벌청구권에 비추어 형사소추에 대한 결정을 사인(私人)에게 위임하고 그렇게 함으로써 법익보호를 약화시키는 것은 수긍하기 어렵기 때문에 친고죄와 같이 형사소추에 대한 피해자의 결정이 존중되어야 한다면 형벌이 아니라 피해자 또는 공익시설에 지급되는 위자료로서의 과료 또는 형벌 성격의 공개적 원상회복[108] 등과 같은 사적 결정에 적합한 제재가 부과되어야 한다고 한다. 형벌은 원칙적으로 개인적 사적 결정에 의해 좌우되어서는 안되므로 국가가 형사소추를 피해자에게 위임하는 경우에 형사제재가 부과되어서는

---

107) 이에 관해서는 椎橋陸幸, "알기쉬운 犯罪被害者保護制度", 有斐閣, 2001; 松尾浩也편저, "築造解說犯罪被害者保護二法", 有斐閣, 2001 등을 참고.

108) 손해의 원상회복을 형벌의 대체나 완화하는 수단으로 활용할 수 있다는 주장도 있다. 이 견해에서는 원상회복이 있는 경우 형을 감경 또는 면제할 수 있도록 하거나, 원상회복을 형사제재의 일종으로 도입하자고 한다. 이호중, 형법상의 원상회복에 관한 연구, 1997, 서울대학교 박사학위논문 참조.

안 된다는 것이다.

세 번째는 위 두 관점에 대해 친고죄를 비정상적인 것으로 보는 것은 옳지 않다는 것이다. 형법상의 구성요건은 처벌할 필요가 없는 행위를 포함하는 것이고 국가적 형벌의 성격을 유지하기 위하여 수정이 필요하므로, 기소편의주의와 같이 형사소송법의 수정방법인 친고죄는 국가가 특정한 행위를 범죄라고 선언하는 다양한 이유를 다른 수정방법과 함께 조정함으로써 실정법의 효력 범위를 비판하기 때문이라고 한다. 다만 이 견해는 고소권으로 사적 이익을 추구함으로써 고소권을 남용하여서는 안 된다고 한다. 따라서 고소권의 남용을 방지하기 위해 특별한 공공의 이익이 인정되면 고소가 없어도 범인을 소추할 수 있게 하고 있다.

형사소추권을 국가가 독점적으로 행사하는 이유는 공평하고 획일적인 형벌권의 행사를 보장하기 위함이다. 형사절차의 개시와 중지를 피해자가 결정하는 친고죄는 국사소추주의의 제한을 의미하므로 친고죄의 입법근거가 제시되어야 한다. 친고죄의 입법근거를 명확히 함으로써 친고죄의 본질을 밝힘과 동시에 이러한 그 거로부터 친고죄와 고소와 관련된 여러 가지 논점을 통일적인 해석론을 전개할 수 있을 것이다.

1) 범죄의 경미성

첫째로는 범죄의 경미성을 근거로 들 수 있다. 이를 근거로 드는 이유는 다른 범죄에 비해 경미하고 주로 피해자의 개인적 법익을 침해하는 범죄를 피해자의 의사를 무시하면서까지 처벌할 필요성이 없다[109]는 것이다. 범죄가 경미하여 피해자가 특히 희망하지 않는 이상 처벌의 필요성이 없는 경우[110]가 있다. 피해가 경미할 경우에는 당사자의 자율에 의하여 상호갈등을 해소[111]할 수 있는 범죄로서 국가형벌권의 발동필요성이 적은 것이다. 경미범죄의 경우는 형사소추에 대한 공중의 이익이 언제나 존재하는 것이 아니라 고소권자의 고소에 의해서 비로소 생겨나므로 친고죄로 해야 한다는 것이다. 여기에는 우리 형법상 모욕죄(제311조), 사자명예훼

---

109) 대법원 1994.4.26. 선고 93도1689 판결. 동 판결은 친고죄 규정의 반의사불벌죄의 준용 여부에 대한 판결이나, 친고죄의 인정 이유에 대해서도 설시하고 있다. 동 판결에서는 친고죄의 인정 이유를 피해자의 명예보호와 범죄의 경미성이라는 두 가지 관점으로 보고 있다.

110) 김성규, 공소제기의 조건으로서의 고소-친고죄에 있어서의 고소를 중심으로-, 성균관법학 제15권 제1호, 2003, 115면.

111) 이주일, 친고죄와 고소, 비교법학연구 제3집, 한국비교법학회, 2004, 240면.

손죄(제308조) 등이 포함된다.112)

2) 범죄자와 피해자 간의 특별한 관계

둘째, 행위자와 피해자 사이에 밀접한 관계가 있는 경우라 함은 형사소추에 대한 공공의 이익이 결여된 경우라고까지는 할 수 없지만, 피해자 또는 피해자와 일정한 인적 관계를 가지는 자에게 부담을 주는 형사소추를 회피할 우월한 이익이 피해자에게 인정되고, 고소를 하지 않음으로써 형사소추를 회피할 가능성이 인정되는 경우를 말한다.

즉, 가족관계를 존중하여 피해자의 고소 없이 소추하는 것이 적당하지 않은 경우113)이다. 가족 및 친족이 보호되어야 하는 경우는 친족상도례와 같이 피해자가 고소를 하지 않음으로써 인간관계에 부담을 질 형사절차를 경우에 따라 회피할 수 있게 하는 것이 범죄자와 피해자의 관계에 기초하여 정당화되는 것이다. 국가가 형벌권을 행사함으로써 평온한 공동생활을 불가능하게 할 정도로 심각한 가정붕괴를 초래할 가능성이 있으며, 이것이 실제의 범죄행위보다 더 심각하게 될 상황에서는 국가는 가해자를 처벌하는 것보다는 당사자들의 의사를 존중하여 공동생활의 평온함을 유지하는 것이 법적 평화의 회복에 더 적합할 수 있다는 것이다. 이러한 유형은 일정한 범위의 재산범죄114)에 대한 것으로서 이는 상대적 친고죄의 경우를 말한다.

3) 피해자의 사생활 보호

셋째, 형사절차로부터 피해자의 사생활을 보호해야 하는 경우는 형사소추에 대한 국가의 이익은 크게 존재하고 위법성의 정도도 커서 경미한 범죄라고 할 수는 없으나 국가가 피해자의 이익 및 수치심을 배려하고, 피해자가 행위자의 형사

---

112) 일본 형법상 과실치상죄 등도 범죄의 경미성을 이유로 친고죄로 규정되어 있으나, 우리 형법상 과실치상죄는 반의사불벌죄로 규정되어 있다. 일본법상 반의사불벌죄가 없기 때문에 이러한 차이가 생기는 것이나, 여기에 친고죄뿐 아니라 반의사불벌죄도 범죄의 경미성을 근거로 한다는 것을 알 수 있다.
113) 김성규, 위의 글, 116면.
114) 직계혈족, 배우자, 동거 친족 등을 제외한 친족 간의 절도, 사기, 공갈, 횡령, 배임, 장물죄 등을 말한다. 형법 제328조. 전자의 친족에 대해서는 형면제, 후자의 친족에 대해서는 친고죄 규정이 적용된다.

소추 및 처벌을 희망한다고 하는 것이 고소에 의해서 명백하게 표시되지 않는 한, 형벌권 행사를 포기하는 것이다. 이러한 경우는 피해자의 사적 생활 및 프라이버시의 영역과 관계되어 있다.

즉, 이와 같은 범죄를 수사하고 심리하는 것이 피해자에게 오히려 더 고통을 주기 때문에 피해자의 소추요구가 없다면 소추를 행하는 것은 적당하지 않다.[115] 이 때문에 형사소송에서 공개된 심리가 행해지고 이로 인해 개인의 은밀한 보호영역이 침해될 가능성이 있으므로, 이러한 위험이 있는 경우에 피해자는 고소를 포기함으로써 형사소송을 저지하는 것이 가능하다.

4) 보충성의 원칙을 근거로 드는 견해

이러한 친고죄의 입법근거에 대해 형법의 보충적 성질을 그 근거로 보는 견해가 있다.[116] 이 견해에 따르면 위의 피해의 법익의 경미성, 피해자의 명예보호, 피해자의 사적 영역보호 등은 친고죄의 존재이유를 체계적으로 설명하지 못하며, 친고죄는 형법의 보충적 성질에 의해 근거 지워질 수 있다고 한다.[117]

형법의 보충성의 원칙이라 함은 규범은 그 제재의 성질, 제재의 강도에 따라 사회규범과 법규범으로 나뉘는데, 형법은 법규범 중 가장 가혹한 제재를 내용으로 한다. 따라서 여러 가지 사회통제수단 중 관습과 도덕과 같은 사회규범이라든지 형법을 제외한 나머지 법규범이 사회질서를 유지하지 못하는 경우에 형법은 사회통제의 최후수단으로써 투입되어야 한다는 것을 말한다. 사회통제 전체 체계 내에서 특정한 행위를 비범죄화 또는 비형벌화하더라도 사회질서유지에 장애가 되지 않으면 먼저 비범죄화 또는 비형벌화해야 하고, 만약 그러한 행위를 비범죄화 또는 비형벌화했을 경우 사회질서의 유지에 어려움이 따르거나 불가능하다면 범죄화, 즉 형벌이 투입되어야 한다.

따라서 이 견해에 따르면 국가형벌권이 투입되어야 하는 경우에도 친고죄와 반의사불벌죄가 비친고죄에 우선하므로 사회적 분쟁에 대해 피해자와 가해자의 자율적 해결을 우선적으로 고려하는 친고죄가 그것을 허용하지 않는 비친고죄에 우선하는 것이 형법의 보충적 성질에 부합하기 때문이라고 한다.[118]

---

115) 김성규, 위의 글, 116면.
116) 박달현, 보충성의 원칙과 친고죄의 본질, 비교형사법연구, 제3권 제1호, 252면.
117) 박달현, 위의 글, 255면.

이러한 범죄와 비범죄 사이의 친고죄와 반의사불벌죄의 체계적 지위에 따른 보충성원칙의 근거 외에 당사자 간의 자율적인 상호갈등 해소를 이유로 보충성의 원칙을 근거로 드는 견해[119]도 있다. 이 견해는 친고죄 규정은 국가형벌권의 발동은 당사자 간의 자율적인 상호갈등이 해결되지 못한 경우에 한해서 국가가 개입하는 것으로 국가형벌권의 보충성에 대한 규정[120]이라고 한다.

5) 소결

먼저 형법의 보충성 원칙이 입법근거라는 견해에 대해 본다. 형법의 보충성 원칙은 범죄와 형벌에 대한 형법상의 원칙이지 친고죄에 대한 원칙이 아니다. 보충성의 원칙은 어떤 행위를 범죄로 하여 형벌로 다스릴 것인가에 대한 원칙이고, 친고죄는 이미 범죄로 성립된 행위에 대해 독점적인 국가형벌권을 피해자의 의사에 의해 제한하는 제도이다. 다만 보충성의 원칙의 내면에 깔린 이념을 적극적으로 해석하여 이미 성립한 범죄에 대해서까지 적용할 수 있다면 친고죄의 입법근거로 활용할 수 있을 것이다. 또한 화해사상만을 친고죄의 입법근거로 보기는 어렵다. 화해사상이 친고죄의 입법근거라고 보는 것은 순환논리에 의한 근거이다. 위에서 알아보았듯이 친고죄는 고소취소를 인정함으로써 형사절차에 피해자의 의사를 적극적으로 반영하고 있으므로 친고죄 규정 자체가 범죄자와 피해자 간의 화해를 전제로 하고 있다고 보아야 할 것이다. 즉, 친고죄 규정을 둠으로 인해 화해사상을 상당 부분 수용하고 있는 것이지, 화해사상을 실현하기 위해 친고죄 규정을 둔 것으로 볼 수는 없다.

또한 위와 같이 친고죄가 일률적으로 하나의 입법근거를 가진다고 해석하는 것은 무리라고 본다. 왜냐하면 우리 형법상 각각 다른 근거에 의해 친고죄를 규정하고 있기 때문이다. 따라서 현행법상의 해석론으로서는 범죄의 경미성, 범죄자와 피해자 간의 특별한 인적 관계, 피해자의 사생활 보호를 입법근거로 보는 것이 타당하다.

---

118) 박달현, 위의 글, 253면.
119) 이주일, 위의 글, 237면.
120) 이 견해는 당사자의 갈등해서를 중시하여 형벌의 보충성을 근거로 들고 있는바, 화해사상과 보충성의 원칙의 양자를 그 근거로 한다고 할 수 있다.

3. 친고죄와 반의사불벌죄 규정

1) 형법상 친고죄 규정

우리나라의 친고죄 규정을 보호법익과 법정형에 따라 정리하면 아래와 같다.

법익의 종류	보호법익	죄명	법정형
개인적 법익	생명과 신체에 대한 죄	관련 규정 없음	
	명예에 대한 죄	사자명예훼손	2년 이하
		모욕	1년 이하
	사생활에 대한 죄	비밀침해	3년 이하
		업무상비밀누설	3년 이하
	재산에 대한 죄	권리행사방해	5년 이하
		절도	6년 이하
		야간주거침입절도	10년 이하
		특수절도	1년 이상 / 10년 이하
		자동차등 불법사용	3년 이하
		사기	10년 이하
		횡령	5년 이하
		배임	5년 이하
		장물	7년 이하
		업무상/중과실 장물	1년 이하

위와 같이 우리나라 형법은 개인적 법익에 대한 죄에 친고죄가 규정되어 있고, 그 중 생명과 신체에 대한 죄에는 친고죄 규정이 없다.

자유에 대한 죄 중에서는 명예에 대한 죄[121]와 사생활에 대한 죄[122]에 친고죄 규정을 두고 있다. 그 외 일정한 친족관계에 있는 경우[123]의 재산에 대한 죄에 친

---

[121] 일본 형법은 제232조에 의해, 명예훼손(동법 제230조), 모욕(제231조)죄에 대해 친고죄 규정을 두고 있다.

[122] 일본 형법은 제135조에 의해, 친서개봉(동법 제133조), 비밀누설(동법 제134조)죄에 대해 친고죄 규정을 두고 있다.

[123] 일본 형법은 제244조에 의해, 일정 친족 간의 범죄에 대한 특례를 두어, 일정 친족 간의 절도(동법 제235조), 부동산 침탈(동법 제235조의 2), 사기(동법 제246조), 배임(동법 제247조), 공갈(동법 제250조), 횡령(동법 제252조), 유실물횡령(동법 제254조), 기물 파괴(동법 제261조)등에 대해 친고죄 규정을 두고 있다.

고죄규정을 두고 있다.[124]

2) 개별법상 친고죄 규정

형법 외의 개별법상의 친고죄 규정을 나열하면 아래와 같다.

(1) 개인의 비밀을 침해한 경우

- 가사소송법,[125] 민사조정법[126]상 조정위원이나 조정위원이었던 사람이 정당한 이유 없이 직무수행 중에 알게 된 다른 자의 비밀을 누설한 경우 2년 이하의 징역에 처한다.
- 약사법상 약사·한약사는 이 법 또는 다른 법령에 규정된 경우 외에는 의약품을 조제·판매하면서 알게 된 타인의 비밀을 누설하여서는 아니 된다.[127] 약사는 환자, 환자의 배우자, 환자의 직계존·비속, 배우자의 직계존손(배우자·직계존비속 및 배우자의 직계존속이 없으면 환자가 지정하는 대리인)이 조제기록부의 열람·사본 교부 등 그 내용 확인을 요구하면 이에 따라야 한다.[128]
- 응급의료에 관한 법률[129]상 응급구조사는 직무상 알게 된 비밀을 누설하거나 공개하여서는 아니 된다. 이를 위반한 자는 3년 이하의 징역 또는 1천만원 이하의 벌금에 처한다.
- 의료기사 등에 관한 법률[130]상 업무상 알게 된 비밀을 누설한 자는 3년 이하

---

124) 다만 우리 형법과는 다르게 과실 상해(동법 제209조), 미성년자 탈취유인(동법 제224조), 외설 또는 결혼 목적 탈취유인(동법 제225조), 외설 목적 피탈취자 수수등(동법 제227조)등에도 친고죄 규정을 두고 있다. 이렇듯 일본 형법은 우리 형법보다 친고죄의 범위가 약간 넓다고 볼 수 있다. 이는 일본형법은 우리 형법과 다르게 반의사불벌죄규정을 두고 있지 않으므로 친고죄의 범위를 넓혀 그 취지를 달성하려는 태도로 보인다.
125) 가사소송법 제71조 (비밀누설죄) 제3항: 제2항의 죄에 대하여 공소를 제기하려면 고소가 있어야 한다.
126) 민사조정법 제41조(벌칙) 제3항: 제2항의 죄는 고소가 있어야 공소를 제기할 수 있다.
127) 약사법 제87조(비밀 누설 금지), 제93조(벌칙) 제87조 제1항을 위반한 자에 대하여는 고소가 있어야 공소를 제기 할 수 있다.
128) 약사법 제30조(조제기록부) 제2항, 제96조(벌칙) 제30조 제2항을 위반한 자에 대해서는 고소가 있어야 공소를 제기할 수 있다.
129) 응급의료에 관한 법률 제40조(비밀준수의 의무), 제60조(벌칙) 제40조의 규정을 위반한 자. 다만, 이에 대하여는 고소가 있어야 공소를 제기할 수 있다.
130) 의료기사 등에 관한 법률 제30조(벌칙) 제1항 제3호의 죄는 고소가 있어야 공소를 제기할 수 있다.

의 징역 또는 1천만 원 이하의 벌금에 처한다.

- 의료법상 의료인은 이 법이나 다른 법령에 특별히 규정된 경우 외에는 의료·조산 또는 간호를 하면서 알게 된 다른 사람의 비밀을 누설하거나 발표하지 못한다. 의료인이나 의료기관 종사자는 환자가 아닌 다른 사람에게 환자에 관한 기록을 열람하게 하거나 그 사본을 내주는 등 내용을 확인할 수 있게 하여서는 아니 된다. 의료지도원 및 그 밖의 공무원은 직무를 통하여 알게 된 의료기관, 의료인, 환자의 비밀을 누설하지 못한다.[131] 이를 위반한 자는 3년 이하의 징역이나 1천만 원 이하의 벌금에 처한다.
- 자동차손해배상 보장법[132]상 진료기록의 열람으로 알게 된 다른 사람의 비밀을 누설한 자는 3년 이하의 징역 또는 1천만 원 이하의 벌금에 처한다.

(2) 지적재산권을 침해한 경우

- 저작권법상 저작재산권 그 밖에 이 법에 따라 보호되는 재산적 권리를 복제·공연·공중송신·전시·배포·대여·2차적 저작물 작성의 방법으로 침해한 자는 5년 이하의 징역 또는 5천만 원 이하의 벌금에 처하거나 이를 병과할 수 있다. 저작인격권 또는 실연자의 인격권을 침해하여 저작자 또는 실연자의 명예를 훼손한 자, 제53조 및 제54조에 따른 등록을 거짓으로 한 자, 데이터베이스제작자의 권리를 복제·배포·방송 또는 전송의 방법으로 침해한 자 등은 3년 이하의 징역 또는 3천만 원 이하의 벌금에 처하거나 이를 병과할 수 있다.[133] 저작자 아닌 자를 저작자로 하여 실명·이명을 표시하여 저작물을 공표한 자, 실연자 아닌 자를 실연자로 하여 실명·이명을 표시하여 실연을 공연 또는 공중송신하거나 복제물을 배포한 자 등은 1년 이하의 징역 또는 1천만 원 이하의 벌금에 처한다.[134] 출처를 명시하지 아니한 자, 복제권자의 표지를 하지 아니한 자 등은 500만 원 이하의 벌금에 처한다.[135]

---

131) 의료법 제19조(정보 누설 금지), 제21조(기록 열람 등) 제1항, 제69조(의료지도원) 제3항, 제88조(벌칙) 제19조, 제21조 제1항 또는 제69조 제3항을 위반한 자에 대한 공소는 고소가 있어야 한다.
132) 자동차손해배상 보장법 제46조(벌칙) 비밀누설로 피해를 받은 자의 고소가 있어야 공소를 제기할 수 있다.
133) 저작권법 제136조(권리의 침해죄)
134) 저작권법 제137조(부정발행 등의 죄)
135) 저작권법 제138조(출처명시위반 등의 죄)

저작권법은 다른 법에 의해 비교적 광범위한 행위 태양에 대해 친고죄로 규정되어 있다.[136]

- 특허법상[137] 특허권 또는 전용실시권을 침해한 자는 7년 이하의 징역 또는 1억 원 이하의 벌금에 처한다.

- 디자인보호법[138]상 디자인권 또는 전용실시권을 침해한 자는 7년 이하의 징역 또는 1억 원 이하의 벌금에 처한다.

- 반도체집적회로의 배치설계에 관한 법률[139]상 배치설계권이나 전용이용권을 침해한 자는 3년 이하의 징역 또는 5천만 원 이하의 벌금에 처하거나 이를 병과할 수 있다.

- 발명진흥법[140]상 종업원 등은 사용자 등이 직무발명을 출원할 때까지 그 발명의 내용에 관한 비밀을 유지하여야 한다. 이에 위반하여 부정한 이익을 얻거나 사용자 등에 손해를 가할 목적으로 직무발명의 내용을 공개한 자에 대하여는 3년 이하의 징역 또는 3천만 원 이하의 벌금에 처한다.

- 실용신안법[141]상 실용신안권 또는 전용실시권을 침해한 자는 7년 이하의 징역 또는 1억 원 이하의 벌금에 처한다.

- 콘텐츠산업진흥법[142]상 누구든지 정당한 권한 없이 타인이 상당한 노력으로 제작하여 표시한 온라인콘텐츠의 전부 또는 상당한 부분을 복제 또는 전송하는 방법으로 경쟁사업자의 영업에 관한 이익을 침해하여서는 아니 된다. 이를 위반하여 온라인콘텐츠제작자의 영업에 관한 이익을 현저하게 침해한 자 또는 동조 제2항 본문의 규정을 위반한 자는 1년 이하의 징역 또는 2천만

---

136) 저작권법 제140조(고소) 이 장의 죄에 대한 공소는 고소가 있어야 한다.

137) 특허법 제225조(침해죄) 제2항: 제1항의 죄는 고소가 있어야 논한다.

138) 디자인보호법 제220조(침해죄) 제2항: 제1항의 죄는 고소가 있어야 논한다.

139) 반도체집적회로의 배치설계에 관한 법률 제45조(침해죄) 제2항: 제1항의 죄는 고소가 있어야 공소를 제기할 수 있다.

140) 발명진흥법 제19조(비밀유지의무), 제58조(벌칙) 제2항: 제1항의 죄는 사용자 등의 고소가 있어야 공소를 제기할 수 있다.

141) 실용신안법 제45조(침해죄) 제2항: 제1항의 죄는 고소가 있어야 공소를 제기할 수 있다.

142) 콘텐츠산업진흥법 세37조(금지행위) 제1항, 제22조(온라인콘텐츠의 복제 등의 죄) 제2항: 제1항의 죄는 제19조의 규정에 의한 손해배상청구 등을 할 수 있는 자의 고소가 있어야 공소를 제기할 수 있다.
제40조(벌칙) 제2항: 제1항의 죄는 고소가 있어야 공소가 가능하다.

원 이하의 벌금에 처한다.

- 식물신품종보호법[143]상 품종보호권 또는 진용실시권을 침해한 자, 제34조의 2 제1항의 규정에 의한 권리를 침해한 자는 7년 이하의 징역 또는 1억 원 이하의 벌금에 처한다.

(3) 기타의 경우

- 가정폭력범죄의 처벌 등에 관한 특례법[144]상 피해자 또는 그 법정대리인은 행위자를 고소할 수 있다. 피해자의 법정대리인이 행위자인 경우 또는 행위자와 공동하여 가정폭력범죄를 범한 경우에는 피해자의 친족이 고소할 수 있다.
- 공장 및 광업재단 저당법[145]상 공장 소유자나 광업권자가 동 법에 따라 저당권의 목적이 된 공장재단 또는 광업재단을 구성하는 동산을 양도하거나 질권 설정의 목적으로 제3자에게 인도한 경우에는 3년 이하의 징역 또는 1천만 원 이하의 벌금에 처한다. 법인의 대표자나 법인 또는 개인의 대리인, 사용인, 그 밖의 종업원이 그 법인 또는 개인의 업무에 관하여 제1항의 위반행위를 하면 그 행위자를 벌하는 외에 그 법인 또는 개인에게도 해당 조문의 벌금형을 과한다.

3) 형법상 반의사불벌죄 규정

법익의 종류	보호법익	죄명	법정형
개인적 법익	생명과 신체에 대한 죄	(존속)폭행죄	(5년)2년 이하
		과실치상	500만 원 이하
		(존속)협박	(5년)3년 이하
	명예에 대한 죄	명예훼손	2년 이하 / 5년 이하
		출판물 명예훼손	3년 이하 / 7년 이하
국가적 법익	국교에 관한 죄	외국원수 폭행/모욕	7년 이하 / 5년 이하
		외국사절 폭행/모욕	5년 이하 / 3년 이하
		외국국기, 국장모독	2년 이하

---

143) 식물신품종보호법 제131조(침해죄 등) 제2항: 제1항 제1호 및 제2호의 규정에 의한 죄는 고소가 있어야 공소를 제기할 수 있다.

144) 가정폭력범죄의 처벌 등에 관한 특례법 제6조(고소에 관한 특례) 제1항.

145) 공장 및 광업재단 저당법 제60조(목적물 처분에 대한 벌칙), 제61조(고소) 제60조의 죄는 고소가 있어야 공소를 제기할 수 있다.

4) 친고죄와 반의사불벌죄

친고죄와 반의사불벌죄는 어떤 범죄가 이에 속하는가는 형법에 규정되어 있으나, 현실적으로 어떤 방식으로 운용되는가는 형사소송법에 규정되어 있다. 친고죄는 독일, 프랑스, 일본 등 대륙법계 국가 대부분에 존재하지만 영미법계에서 친고죄의 개념은 널리 인정되지 않는다.[146) 반면 반의사불벌죄는 어느 나라에서도 인정되고 있지 않고 우리나라만이 가지는 독특한 제도이다.

친고죄가 피해자의 고소가 있어야 국가형벌권이 발동됨에 반해, 반의사불벌죄는 일단 국가기관이 수사와 공판을 독자적으로 진행할 수 있도록 하되 피해자가 처벌을 원하지 않는다는 명시적 의사표시를 하는 경우, 그 의사에 반하여 형사소추할 수 없도록 하는 범죄이다. 즉, 친고는 고소(처벌을 희망하는 의사표시)의 존재가 소송조건이 되지만, 반의사불벌죄는 처벌을 희망하지 않는 의사표시의 부존재가 소송조건이 된다.[147) 반의사불벌죄의 입법취지는 다음과 같은 입법자의 기술에서 알 수 있다. 우리 형법 제정에 주도적인 역할을 했던 엄상섭은 "18. 폭행죄를 비친고죄로 하되 피해자의 의사에 반하여 처벌치 못할 것으로 할 것"[148)이라고 하여 친고죄가 아닌 반의사불벌죄의 범죄유형을 상정하면서, 또한 "폭행을 당한다는 것은 인격에 대한 중대한 모욕이다. 그러나 현행 형법에는 친고죄로 되어 있는 관계로 점잖은 신사일수록 폭행을 당하였다고 하여서 고소할 수도 없고 결국 그를 인수치 아니할 수 없어서 불합리한 결과에 빠지는 일이 많은 까닭이다."라고 하여 반의사불벌죄의 취지를 밝히고 있다.

우리 형법상 폭행죄, 협박죄, 명예훼손죄 등이 반의사불벌죄로 규정되어 있다. 반의사불벌죄는 피해자에 대하여 신속한 피해배상을 촉진하고 가해자와 피해자 사이의 개인적 차원에서 이루어지는 분쟁해결을 존중하려는 취지에서 우리 입법자에 의하여 특별히 인정된 범죄유형이다. 현재 반의사불벌죄는 그 영역을 넓혀가고 있는데[149) 교통사고처리특례법, 부정수표단속법 등은 그 주요한 예이다.

반의사불벌죄는 피해자의 고소가 없어도 수사기관의 직접 인지에 의하여 수사

---

146) 영미법에서는 피해자의 complaint에 의한 형벌권의 개시가 있으나, 친고죄처럼 직접적으로 법적인 효과를 가진다고 하기는 어렵다.

147) 윤동호, 피해자의 의사와 형사절차, 피해자학연구 제14권 제1호, 한국피해자학회, 2006, 129면.

148) 신동운·허일태 편저, 효당 엄상섭 형법논집, 서울대학교출판부, 2003, 63면.

149) 신동운, 위의 책, 133면.

를 개시할 수 있다는 점에서 고소가 없으면 수사를 개시할 수 없는 친고죄와 차이[150]가 있다.

즉, 친고죄와 반의사불벌죄는 피해자의 의사에 의해 국가형벌권 제한의 정도에 있어 차이가 크다. 어떤 범죄를 친고죄나 반의사불벌죄로 할 것인지는 범죄의 사익적 관점과 공익적 관점의 긴장관계에 대한 조정과 해소의 문제[151]라고 하기도 한다. 이 양 제도는 피해자의 의사와 국가형벌권 사이의 조화를 세분화할 수 있는 의의를 가진다.

4. 친고죄와 피해자의 의사

1) 피해자와 형법상 법익

형법은 일반적으로 법익보호의 기능과 사회윤리적 행위가치의 보호기능, 그리고 피고인 권리보장의 기능을 가진다. 즉, 형법은 잠재적 가해자로서의 시민(보장적 기능)과 잠재적 피해자로서의 시민(보호적 기능)을 모두 보호하는 규범이다.

전제군주시대 형벌에 대항한 근대주의 형벌은 피고인 권리의 보장을 형사법의 이념으로 내세웠으며, 이러한 전통은 현대 형사법에까지 기본원칙으로 자리 잡고 있다. 잠재적 가해자를 보호하기 위한 피고인의 마그나카르타로서의 형법은 시민의 기본권 보장이라는 측면에서 중요하다는 것은 주지의 사실이다. 다만 이러한 형법의 기능이 다른 한 측면을 제한하는 원리로 작용하여서는 안 되며, 두 가지 이념이 조화롭게 기능해야 한다.[152]

형법은 형벌의 요건인 범죄를 구성하는 법규범으로 피해자에 대한 가해자의 침해 행위의 규율에 중심이 있다. 즉, 가해자와 피해자 사이의 행위를 규율하고 있으며, 잠재적 피해자의 보호를 위한 규범이라는 측면이 강하다. 형사소송법은 국

---

150) 다만 친고죄에 있어 고소의 취소부분은 반의사불벌죄의 취지와 비슷하다. 고소의 취소는 이미 고소가 있다는 전제에 있으므로, 이러한 면에서 이미 발동한 형벌권을 정지시키는 효력이 있기 때문이다.

151) 윤동호, 위의 글, 139면. 또한 이 글에서는 친고죄와 반의사불벌죄는 모두 피해자의 사익적 관점이 개입될 수 있는, 개인적 법익에 대한 침해의 경우에만 인정될 수 있다고 한다.

152) 이는 형법과 형사소송법상의 개념의 차이에서도 살펴볼 수 있다. 양법 모두 피고인과 피해자 모두를 보호하는 규범임에는 틀림이 없으나, 실체법과 절차법의 개념상 피고인과 피해자의 어느 쪽에 중점을 두느냐에는 차이가 있다.

가형벌권의 실현 절차에 대한 법규범으로 가해자에 대한 국가의 형벌권 행사에 중심이 있다. 즉, 국가와 피고인 사이의 관계에 대한 규범으로, 국가권력으로부터 잠재적 피고인의 보호를 위한다는 측면이 강하다. 즉, 형법은 법익침해로부터 잠재적 피해자를 보호하려는 피해자 보호원리가 중시되며, 형사소송법은 피고인을 보호하기 위해 국가형벌권의 제한이라는 제약원리, 피고인 보호원리가 중시된다.

형법은 범죄와 형벌에 관한 법규범이다. 형법은 국가형벌권의 발생요건과 그 법적 효과를 규율하는 법률이다. 형법이 어떤 행위를 범죄로 규정하여 국가 형벌권의 발생을 예정하고 있는 것은 어떠한 법익을 보호하기 위함을 1차적 목적으로 한다. 형법은 법익을 침해하는 행위에 대해 규정하고 있는 것이다.

따라서 형법의 기능은 보호적 기능에 중점을 두어 해석되어야 한다.[153] 이는 즉, 국가 형벌권은 법익보호의 가치가 있는 경우에 발동돼야 한다는 것이다.[154] 즉, 형법의 해석에는 피해자의 법익 개념이 중시되어야 하며, 이에 헌법상 피해자의 권리[155]가 보장[156]되는 것이다.[157] 이러한 점에서 피해자의 의사와 국가 형벌권의 접점이 발견될 수 있다. 즉, 국가 형벌권은 피해자의 법익을 보호하기 위해서 발동되어야 하므로, 형벌권의 발동이 제한되는 경우는 피해자의 법익보호 필요성이 적은 경우이어야 할 것이다. 따라서 형벌권은 법익보호[158]의 필요성이 적은 경미한 범죄에 대하여만 인정되어야 하고, 중대한 법익침해 행위에 대해서는 원칙적이며 적극적으로 발동되어야 한다.

---

153) 이용식, 형법의 임무 – 법익보호인가, 사회윤리보호인가?, 피해자학연구 제9권 제2호, 한국피해자학회, 2001, 301면에서는 형법의 보호적 기능을 강조하면서 이때 특히 보충성의 원칙을 관철되어야 한다고 한다.

154) 이용식, 위의 글, 301면에서는 "형법은 형벌로서 보호할 만한 보호법익이 있는 경우에 규정되어야 하고, 형법의 임무는 바로 그 법익보호로 한정되어야 할 것이다."라고 한다.

155) 이에 관해서는 류병관, 형사절차상 범죄피해자권리의 헌법적 보장에 관한 연구, 피해자학연구 제14권 제1호, 한국피해자학회, 2006 참조.

156) 장규원, 우리나라 범죄피해자 지원제도의 발전방향, 피해자학연구 제13권 제1호, 한국피해자학회, 2005, 236면에서는 이를 실질적으로 확보하기 위해서는 헌법 제10조의 인간존엄성을 근거로 행복추구권, 평등권, 인격권에서 피해자의 권리를 발견해야한다고 한다.

157) 다만, 헌법상 보장되는 피해자의 권리가 형사소송법에 의해 보장되는 범위가 제한적이며, 이는 형사소송법상 피해자는 증인의 지위를 가지기만 하기 때문이라고 한다. 박미숙, 현행법상 형사피해자의 범위, 피해자학연구 제12권 제2호, 한국피해자학회, 2004, 24면.

158) 다만 이때의 법익은 그 범죄로 규정된 조문이 직접적으로 보호하려는 법익을 말한다. 예를 들어 강간죄의 경우 그 죄의 직접적인 보호법익은 성적 자기결정권인 것이지, 피해자의 명예보호라는 것은 강간죄가 보호하는 법익이라고 할 수 없다.

다음으로 중대한 법익인가 경미한 법익인가, 즉 불법의 정도 판단에 피해자의 의사가 개입할 수 있는가를 본다. 형벌권 발동을 위한 법익침해행위가 불법하다는 판단을 하는 것은 구성요건과 위법성의 두 가지 단계로 진행된다. 책임단계에서는 이 불법한 행위에 대한 형벌권의 적용이 가해자에게 적합한 것인가를 묻는다. 법익침해행위의 유형을 규정하는 것, 즉 구성요건 해당성을 정하는 것은 그 사회공동체의 합의에 의하지만 위법성의 여부와 불법성의 정도에 대해서는 각 행위마다 위법성조각사유와 불법의 판단에 따르며, 이 불법은 결과불법과 행위불법의 양 측면에서 고려하여야 한다.

행위반가치는 주관적 구성요건에 해당하는 위법한 행위를 말하며, 구성요건적 고의, 과실이 법질서에 위반되는 것이다. 행위반가치는 법익침해자 개인의 내면적 요소에 대한 판단이다. 행위반가치의 판단에 있어서는 그 법익침해자를 대상으로 한다. 반면, 결과반가치는 객관적 구성요건에 해당하는 위법한 행위, 즉 위법한 구성요건적 결과를 실현한 것에 대한 가치판단을 말한다. 즉, 결과반가치는 침해된 법익에 대한 판단이다.

객관적 구성요건은 행위주체, 행위객체, 실행행위, 행위수단, 결과발생 등을 요소로 한다.

다만, 결과반가치의 판단에 있어서 객관적 구성요건이라는 형식적인 요소만을 가지고 불법성을 판단하는 것이 타당한지[159]는 의문이다.

행위주체와 행위객체는 존재적 의미를 갖고 결과발생이라는 법익침해가 얼마만큼 불법한가에 대해서는 큰 영향을 미치지 않는다.

다만 행위수단은 일견 불법성의 정도판단에 영향을 미칠 수 있다고 볼 수 있다. 그러나 행위수단이 불법성의 판단에 영향을 미칠 수 있는 것은 결과발생에 관련되어 있기 때문이다. 즉, 행위수단은 결과발생을 예정했거나 결과발생이 필연적이라는 의미에서 불법성에 영향을 미친다.

따라서 불법의 평가에 있어서 객관적 구성요건요소들이 동가치를 갖는다고 할 수 없으며, 결과불법의 판단에 실질적으로 중요한 요소는 결과발생이다. 법익의

---

159) 예를 들어 "갑(주체)이 을(객체)을 몽둥이(수단)으로 때려서(실행행위) 다쳤다(결과)"고 한다면, 이 행위는 상해죄의 객관적 구성요건을 충족했고, 특별한 위법성조각사유가 없다면 위법하다. 그러나 불법성의 정도를 판단할 때에 이러한 요소들이 같은 정도로 영향을 미친다고 할 수는 없다.

침해에 대한 판단은 결과발생을 중요한 요소로 한다.

즉 행위주체, 객체, 실행행위, 행위수단은 위법한 구성요건적 결과를 실행했다는 판단에 포섭하기 위한 요건에 부합하는 형식적인 요소로써의 의미를 가진다. 이와 같은 요소는 요소로써 존재하기만 하면 되는 것이고, 이에 대한 실질적인 가치판단이 불법성 판단에 영향을 미치지 않는다. 반면 결과 발생은 실질적으로 판단하여야 하며 불법성의 정도에 영향을 미친다.

다만 결과 발생도 발생의 여부와 결과의 정도는 나누어 보아야 한다. 결과가 발생하였다는 사실은 요건으로써의 의미는 있으나, 얼마만큼 불법한가에 대한 기준으로서는 부족하다. 결과발생사실도 관계적 개념으로 볼 수 있기 때문이다. 따라서 불법성판단의 기준은 발생 여부보다는 발생된 결과의 정도, 즉 법익침해가 얼마만큼 있었는가를 실질적인 판단기준으로 하여야 한다. 침해된 법익의 정도 판단에 있어서, 얼마만큼 불법한가는 얼마만큼 침해되었느냐의 문제이다.

개인적 법익에 대한 침해에 있어서 얼마만큼 침해되었느냐는 법익침해를 받은 당사자를 기준으로 해야 한다고 본다. 즉, 결과불법을 실질적으로 판단하기 위해서는 법익 침해를 받은 자를 기준으로 하여야 한다.[160]

결과를 가지고 얼마만큼의 불법을 인정할 것인가를 획일적으로 판단하는 것은 침해받은 당사자의 의사에 기준하지 않고 제3자가 그 침해의 정도를 추정하고 판단하는 것이다. 이러한 판단은 가능하지도 않고 가능해서도 안 된다. 침해를 받은 사람의 그 침해에 대해 느끼는 정도가 그 법익침해의 실질이기 때문이다.

즉, 범죄행위가 얼마만큼 불법한가는 어느 정도 법익을 침해했는가를 기준으로 삼아야 하며, 이 법익침해의 정도는 실제 법익을 침해받은 자를 기준으로 정해야 한다. 역으로 얘기한다면 법익침해를 받은 자가 범죄행위의 불법성이 판단의 중요한 기준이 되어야 하는 것이다. 이것은 위에서 말했듯이 형법은 법익을 보호하기 위함, 즉 법익침해행위를 방지하기 위한 목적으로 가지고 있기 때문이기도 하다. 따라서 범죄행위의 불법성 판단에 있어서는 피해자의 의사가 중시되어야 한다.

이러한 논리는 이미 형법에 그 사고들이 규정되어 있다. 예를 들어 형법상 승낙, 또는 사회상규에서 위법성을 조각하기도 하고, 소추조건으로써 친고죄와 반의사불벌죄를 규정하고 있다.

---

160) 위의 예에서 본다면 "다쳤다"는 결과에 대한 불법성 판단은 얼마큼 다쳤는가, 즉 이는 피해자를 기준으로 하는 것이 실질적이다.

친고죄와 반의사불벌죄는 형식적으로는 불법성과 책임이 인정되는 행위에 대한 소추조건으로 규정되어 있으나, 국가형벌권의 행사를 피해자의 의사에 의해 저지시킬 수 있다는 점에서 실질적으로 유사한 효과를 가진다. 다만 앞에서 알아보았듯이 그 제한의 정도에 차이를 가질 뿐이다.

2) 친고죄와 피해자의 승낙

우리 형법 제24조는 "처분할 수 있는 자의 승낙에 의하여 그 법익을 훼손한 행위는 법률에 특별한 규정이 없는 한 벌하지 아니한다."라고 하여 피해자의 승낙에 의한 법익침해행위를 허용하는 규정을 두고 있다. 이 조문은 "원하는 자에게 불법이 행해지지 않는다."는 법원칙이 작용하고 있으며 피해자가 포기하기를 원하는 법익은 처음부터 피해자로부터 박탈할 수 없다는 것이다.[161]

우리 형법은 법질서 전체의 관점에서 볼 때 이러한 경우에 대해서까지 굳이 위법하다는 판단을 내릴 필요는 없으므로 위법성조각사유로 규정하고 있다.

피해자의 승낙은 위법성조각사유로써 범죄의 성립요건에 관계되는 규정이다. 친고죄와 반의사불벌죄는 처벌 여부에 관한 피해자의 의사표시가 피의자 또는 피고인의 형사처벌을 좌우한다. 즉, 피해자의 승낙으로 범죄의 성립 여부를 결정할 수 있다면, 친고죄는 형벌권의 행사 여부를 결정할 수 있다.

형벌권이 발생하기 전, 범죄의 성립 여부를 결정할 수 있다는 점에서 피해자의 승낙이 친고죄보다 실체법적으로는 더 큰 영향을 준다고 할 수 있으나, 절차법적으로는 친고죄가 피해자의 승낙보다 더 큰 영향을 준다. 왜냐하면 피해자의 승낙은 행위자가 구성요건을 실현하는 시점에 현실적으로 존재하여야 하며, 적어도 실행행위의 시점에 승낙이 존재하여야 함을 요건으로 하여 사후승낙은 유효한 승낙이 될 수 없기 때문이다. 따라서 실행행위시에 승낙이 없었고 일단 범죄를 구성하게 되면 기소가 된 후에는 승낙의 효력을 발휘할 절차적 보장을 받지 못하게 되는 셈이다.

반면, 친고죄는 1심판결 전이라는 제한이 있긴 하지만 고소의 취소를 규정함으로써 기소가 된 후에도 국가형벌권을 제한할 수 있는 여지를 남겨두고 있다.

이러한 현상을 친고죄와 반의사불벌죄라는 범죄유형을 인정하기 때문에 실제

---

161) 신동운, 위의 책, 305면.

형사재판에서 피해자의 승낙이 자주 주장되지 않는 것이라고[162] 볼 수도 있으나, 고소의 취소로 인해 친고죄가 피해자의 승낙보다 형사절차상 더 큰 영향을 미치는 것이기 때문이라고 볼 수도 있을 것이다.

5. 소결

1) 경미한 범죄

이상에서 친고죄의 입법근거와 피해자의 승낙, 반의사불벌죄와의 관계에서 친고죄의 본질에 대해 알아보았다. 현행법상 규정된 친고죄의 해석론으로써는 피해자의 사생활보호, 경미한 법익, 범죄자와 피해자 간의 특별한 인적 관계의 세 가지를 근거로 볼 수 있다.

재산죄에 관한 친고죄 규정인 형법 제328조를 보면 제1항에서 직계혈족, 배우자, 동거친족, 동거가족 또는 그 배우자 간의 형을 면제하고 있고, 제2항에서 위의 친족관계 외의 친족인 경우에 친고죄를 규정하고 있다. 이와 같이 재산죄에 대한 친고죄의 규정은 재산관련 범죄에 있어 가족공동체라는 특별한 사정을 고려하여 어느 범위의 친족에 대해 처벌조각사유로 할 것인지 친고죄로 할 것인지의 분류에 따른 것이지, 본래의 친고죄의 의미로 볼 수는 없다. 이러한 의미에서 이를 상대적 친고죄로 보고 있는 것이다.

따라서 재산죄에 대한 인적 관계로 인한 특별 취급은 입법태도에 따라 여러 가지 형태로 가능할 수도 있다. 만약 예를 든다면 동조 제1항의 친족에 대해서는 가족의 특성상 묵시적인 승낙을 인정하는 등의 형식으로 별죄성립의 단계에서 고려하고, 동조 제2항의 친족에 대해서는 처벌조각사유로 고려하는 것도 가능할 수 있다. 또한 친족의 범위를 구분하지 않고 처벌조각사유나 소추조건으로 규정하는 것도 가능하다.

즉, 상대적 친고죄인 경우는 친고죄의 본질이나 취지에 의해서 인정되는 것이 아니고, 소추조건이라는 친고죄의 효력을 차용하여 재산죄에 있어 인적 관계로 인한 특별한 효과를 부여한 것이라고 볼 수 있다. 그러므로 상대적 친고죄의 취지나 본질을 파악하는 것은 타당하지 않다고 본다.

---

162) 신동운, 위의 책, 306면.

위와 같이 본다면 친고죄의 취지는 경미한 범죄 행위라는 점에서 찾아볼 수 있을 것이다. 다만 법정형이 경미하다는 의미 외에 그 대상이 되는 보호 법익과 친고죄 인정의 배경 이념에 대한 전체적인 고려를 통해 친고죄의 취지를 이해하여야 할 것이다.

2) 인격적 법익

그러나 위에서 알아보았듯이 단순히 법정형이 경미하다는 것만으로는 친고죄 규정을 설명할 수 없다. 왜냐하면 친고죄와 반의사불벌죄로 규정된 범죄의 법정형 (2년 이하 내지 3년 이하)과 동일한 법정형[163]을 두고 있는 범죄가 다수 존재하기 때문이다. 따라서 친고죄의 본질을 살펴보기 위해서는 경미한 법정형이라는 요소 외에 어떤 요소가 필요한지를 알아봐야 한다.

첫째, 친고죄는 형법상 명예와 사생활을 보호법익으로 하는 경우에 인정되고 있다. 형법각론상 개인적 법익의 보호법익은 제24장 살인의 죄부터 제42장 손괴의 죄까지 규정되어 있으며, 이 순서에 따라 통상 생명, 신체, 자유, 명예, 신용, 사생활, 재산권으로 나눌 수 있다. 이 중에서 친고죄는 명예와 사생활에 대한 법익의 경우로만 규정되어 있다.

---

163) 친고죄와 반의사불벌죄가 아닌 일반범죄의 경우 법정형이 2년 이하, 3년 이하인 경우는 국가적 법익에 대한 죄 중 8개의 범죄, 사회적 법익에 대한 죄 중 25개의 범죄, 개인적 법익에 대한 죄 중 18개의 범죄로 모두 50개가 넘는 범죄가 있다. 또한 이 중 14개의 범죄는 법정형이 1년 이하로 규정되어 있다.

명예와 사생활을 보호법익으로 하는 범죄의 종류와 법정형은 다음과 같다.

보호법익	죄명	법정형	취급
명예	명예훼손	2년 이하/5년 이하[164]	반의사불벌죄
	사자명예훼손	2년 이하	친고죄
	출판물명예훼손	3년 이하/7년 이하	반의사불벌죄
	모욕	1년 이하	친고죄
사생활	비밀침해	3년 이하	친고죄
	업무상비밀누설	3년 이하	친고죄
	주거침입, 퇴거불응	3년 이하	일반범죄
	특수주거침입	5년 이하	일반범죄
	주거, 신체 수색	3년 이하	일반범죄

위에서 보듯이 명예에 관한 죄는 모두 친고죄나 반의사불벌죄로 규정되어 있고, 사생활에 대한 죄 중 비밀에 관한 죄는 친고죄로 주거에 대한 죄 중 비밀에 관한 죄는 친고죄로, 주거에 대한 죄는 일반적인 범죄형태로 규정되어 있다. 일반적으로 경미한 법익침해라고 인정되는 친고죄 규정은 명예와 사생활을 보호법익으로 하는 경우로서 기타의 생명, 신체, 재산권 등을 고려한다면 인격적인 면이 강조되는 경우에 인정된다고 할 수 있다.

둘째, 친고죄 규정은 보호법익이 인격적 측면이 강한 죄에 인정된다.

친고죄는 사자명예훼손, 모욕, 비밀침해, 업무상 비밀누설죄에 인정되므로 사생활에 관한 죄 중 주거에 대한 죄는 친고죄로 규정되어 있지 않다. 사생활을 보호법익으로 하여 인격적인 면을 강조한다 하더라도 비밀에 대한 죄와 주거에 대한 죄가 다르게 취급되고 있는바, 그 차이에 관해 살펴보기로 한다.

먼저 사자명예훼손죄[165]와 모욕죄[166]는 명예를 보호법익으로 하고 있다는 것

---

164) 사실의 적시의 경우 2년 이하, 허위사실의 적시의 경우 5년 이하의 법정형이 규정되어 있다. 형법 제307조.

165) 통설은 명예의 개념을 내적 명예, 외석 명예, 명예 감정으로 나누고 이 중 명예에 관한 죄의 보호법익을 외적 명예로 보고 있다. 외적 명예란 사람의 인격적 가치와 그의 도덕적, 사회적 행위에 대한 사회적 평가를 말한다. 이 세 가지 명예 개념은 정신적인 보호법익이라는 관점에서 피해자의 주관인 의사와 연결하여 해석한다면 세분화가 가능할 것이나, 명예라는 보호법익 자체가 다른 보호법익에 비한다면 정신적인 측면이 강하다고 할 수 있으므로, 외적 명예라고 해도 이러한 해석에는 무리가 없다고 본다.

166) 다만 유기천, 형법학, 일조각, 1982, 138면에서는 모욕죄의 경우는 사실의 적시가 없다는 등의

이 통설과 판례[167]의 태도이고, 비밀누설죄와 업무상비밀누설죄[168]의 보호법익은 개인의 비밀을 보호법익으로 한다. 한편 주기침입죄는 주거에 대한 사실상 주거의 평온을 보호법익으로 보는 것이 통설[169]과 판례[170]의 태도이다. 즉, 이들 범죄는 명예, 개인의 비밀, 주거에 대한 사실상의 평온을 보호법익으로 하고 있다. 주거에 대한 사실상의 평온이란 주거를 지배하고 있는 사실관계, 주거에 대한 공동생활자 전원의 사실상의 평온을 의미하므로, 사실상 주거의 평온은 개념상 명예와 개인의 비밀에 비해서는 정신적인 면이 약하다고 볼 수 있다.[171]

다음으로 범죄의 형태면에서 본다면, 사자명예훼손죄와 모욕죄, 비밀침해죄와 업무상비밀누설죄는 구성요건상 결과를 요하지 않는 위험범의 형식으로 규정되어 있다. 반면 주거침입의 죄는 형법 제322조에서 미수범규정을 둠으로써 침해범의 형식으로 규정되어 있다. 주거침입죄는 명예와 비밀에 대한 죄에 비해서는 주거침입과 사실상 평온의 침해라는 점에서 어떤 외부적인 변화가 있다고 볼 수 있고, 이러한 면에서 명예와 비밀에 대한 죄에 비해서는 인격적인 측면이 약하다고 할 수 있다.

즉, 명예에 관한 죄와 사생활에 대한 죄 중 비밀의 죄는 사생활에 대한 죄 중 주거침입에 관한 죄에 비해 인격적인 측면이 강하며, 이러한 이유로 주거침입의 죄는 친고죄로 규정되지 않았다고 볼 수 있다.

따라서 친고죄 규정은 법정형이 경할 뿐만 아니라 정신적 측면이 보호법익으로서 강하게 요구되는 죄의 경우에 인정된다 할 것이다.

이유로 보호법익을 내적 명예로 해석한다. 그러나 모욕죄의 보호법익을 공연성을 이유로 외적 명예라고 이해하는 것이 통설이다. 이재상, 형법각론, 법문사, 2001, 176면; 정성근, 형법각론, 법지사, 1996, 246면; 정영석, 형법각론, 법문사, 1983, 282면; 진계호 신고형법각론, 대왕사, 1985, 188면; 배종대, 형법각론, 홍문사, 1999, 243면; 이형국, 형법각론연구, 법문사, 1997, 301면; 박상기, 형법각론, 박영사, 1999, 171면; 백형구, 형법각론, 청림출판사, 1999, 344면.

167) 대법원 1987.5.12. 선고 87도739 판결.

168) 개인의 비밀에 대해, 업무처리 중 지득한 타인의 비밀을 지켜야 하는 데 대한 일반의 이익도 보호법익이 된다고 해야 한다는 견해도 있다. 이재상, 형법각론, 217–218면. 그러나 이 견해도 개인의 비밀 외에 일반인의 이익도 보호법익이 된다는 것이므로, 개인의 비밀을 보호법익으로 보는 것에는 차이가 없다.

169) 이형국, 360면; 정성근, 301면; 정영석, 302면; 배종대, 299면; 백형구 386면. 다만 주거침입죄의 보호법익을 주거권이라고 보는 견해도 있다. 이재상, 형법각론, 223–224면.

170) 대법원 1995.9.15. 선고 94도2561 판결; 94도3336 판결 등.

171) 독일 형법 제123조와 일본 형법 제130조는 주거침입죄를 각각 공공의 질서에 대한 범죄, 사회적 법익에 대한 범죄로 규정하고 있다.

인격적 법익에 대한 법익침해의 경미성은 피해자의 의사에 의한 국가형벌권의 제한의 기준으로 볼 수도 있다. 다만, 그 형사절차 제한의 정도는 위에서 알아본 바와 같이 '친고죄 – 반의사불벌죄 – 피해자의 승낙 – 비친고죄'의 순이 될 것이다.

3) 비범죄화의 이념과 화해사상

인격적 법익에 대한 경미한 범죄를 대상으로 하더라도 친고죄에는 미미한 법익침해라는 것과 화해사상을 이유로 인정된다.

친고죄로 규정된 인격적 법익에 대한 범죄는 기본적으로 피해자의 의사에 대한 침해를 보호법익으로 한다. 생명, 신체, 재산권 등이 가지는 각각의 보호법익에 비한다면 정신적 법익에 대한 범죄는 피해자의 의사에 따라 침해되는 보호법익의 존재 여부가 결정된다. 즉, 피해자의 의사에 따라서 침해법익이 아주 경미하거나 혹은 없을 수도 있다는 측면이 있다.

예를 들어, 모욕죄에 있어서 모욕이란 경멸의 의사를 표시[172]하는 것이다. 이러한 가치판단은 행위자나 피해자의 주관을 기준으로 판단하지 않고 객관적 의미내용에 따라 해석[173]하여야 하지만, 객관적으로 경멸의 의사로 해석되더라도 실질적으로 피해자가 법익을 침해받았다고 단정할 수는 없다. 즉, '죽일 놈', '망할 년'이라는 표현이 객관적으로 모욕의 의미를 갖는다고 할지라도, 이러한 표현을 들은 모든 사람이 국가형벌권으로 발동될 만큼의 법익을 침해받는다고 할 수는 없다.[174] 이러한 해석은 사자명예훼손이나 비밀침해죄 등에 있어서도 적용될 수 있으며, 이는 모두 피해자의 의사에 의해 법익침해가 결정되기 때문이다. 이 경우는 고소하지 않고 있음으로써 비범죄화의 효력을 갖는다.

또한 위와는 다르게 피해자의 이사에 따라 법익침해를 받는 경우도 생각할 수 있다. 이 경우는 (거의) 법익침해를 받지 않는 상황이 아니라 형법이 범죄로 규정한 만큼의 경미한 법익침해[175]를 받은 때를 말한다. 이 경우 피해자는 고소를 함으로

---

172) 판례상으로 '나쁜 놈', '죽일 놈', '망할 년', '화냥년' 등이 모욕으로 인정된다. 대법원 1987.5.12. 선고 87도739; 대법원 1990.9.25. 선고 90도873 판결 등.

173) 따라서 단순한 농담, 불친절, 무례만으로는 모욕이라고 할 수 없다. 대법원 1966.7.26. 선고 66도469 판결.

174) 이러한 표현은 일상생활에서 나오는 난폭한 표현 정도로 피해자가 느낄 수도 있고, 경우에 따라서는 '나는 죽일 놈이다'라고 피해자가 생각할 수도 있다.

175) 일반적으로 친고죄의 규정취지를 경미한 범죄, 경미한 법익침해라고 할 때, '경미성'은 앞의 예

써 국가형벌권을 발동시킬 수 있으나, 고소 후에 가해자와의 화해를 통해 비범죄화의 이념을 실현시킬 수 있다.

4) 형사사법의 경제성과 형사정책적 고려

또한 친고죄는 형사사법의 경제성과 형사정책적 고려에 의해 인정된다. 형법에 규정된 범죄에 대해 수사기관은 수사의무[176]를 지게 된다. 그러나 이 중 친고죄로 규정된 범죄에 대해서 고소가 없는 때에 수사기관은 수사의무[177]를 지지 않는다. 우리 형법은 일정한 범위의 범죄를 친고죄로 규정하여 사법기관의 수사의무를 덜어주고 있는 것이다.

이는 범죄에 대한 사법기관의 대응이 그 경제성의 관점에서 한계가 있기 때문이다. 예를 들어, 만약 모욕죄를 친고죄로 규정하지 않는다면 일상생활에서 일어나는 수많은 경멸의 의사표시를 모두 범죄로 취급하여 수사하여야 할 것이다. 또한 사자명예훼손죄를 친고죄로 규정하지 않는다면 사자에 대한 명예훼손의 가능성이 있는 표현과 사자에 대한 부정적인 역사적 평가 등도 모두 범죄로 취급하여 수사하여야 한다. 특히, 사자명예훼손죄와 같은 경우는 고소권자가 사자의 친족 또는 자손[178]이므로, 시간이 지날수록 동죄의 피해를 받을 여지가 있는 피해자의 수가 무제한으로 늘어날 수도 있다. 이 경우 수사기관은 그 자손들 모두를 대상으로 사자명예훼손죄의 성립 여부에 대해 수사를 하여야 할 것이다.

이러한 사법기관의 대응은 현실적으로 불가능한 것으로 보아야 할 것이며, 따라서 친고죄로 규정되어 있다고 보아야 한다.

형사사법의 경제성과 형사정책의 고려는 최근 논의되고 있는 사이버모욕죄 등 친고죄와 반의사불벌죄의 관계에 있어서도 기준점이 될 수 있을 것이다.

와 같이 피해자의 의사에 따라 법익침해가 없거나, 아주 법익침해가 경미한 경우와, 경미한 경우로 나누어 해석하는 것이 친고죄의 취지를 고려할 때 옳다고 본다.

176) 형사소송법 제195조(검사의 수사), 제196조(사법경찰관리).

177) 이는 수사기관이 고소가 없는 경우에 수사를 할 수 있는 권한이 있는가 또는 고소가 있는 경우에 수사를 해야 하는 의무가 있는가와는 다른 문제이다.

178) 형사소송법 제227조.

범죄피해자의 권리에 대한 법적 쟁점

01

고소기간제도

친고죄 규정은 국가형벌권의 제한원리로서 기능하고 있다. 우리 형법은 친고
죄를 인정함으로써 국가형벌권에 대해 피해자의 의사를 반영하고 있다. 위에서 알
아보았듯이 이때 피해자의 의사는 경미한 인격적 법익에 대한 비범죄화의 의미가
중요하다. 그러나 다른 한편 그 권한의 남용으로 인해 지나치게 사인의 의사에 의
해 형벌권 행사여부가 좌우되지 않도록 하기 위해 고소권의 제한에 관한 규정을
두고 있다. 예외적으로 피해자의 의사를 고려하면서도 국가형벌권의 원칙을 지키
기 위해 조화로운 권한 배분을 규정하고 있는 것이다.

우리 형사소송법은 친고죄 고소의 기간을 범인을 알게 된 날로부터 6월(법 제
230조 제1항)로 제한하고 있다. 또한 고소의 추완 여부를 인정할 것인가와 양벌규
정에 있어 별도의 고소가 필요한가를 살펴 고소권의 제한에 대해 알아보기로 한다.

한편 고소의 기간 제한과 함께 고소의 취소를 제1심판결선고 전까지(법 제232
조 제1항)로 제한함으로써 피해자의 의사로부터 국가형벌권의 행사를 보장하고 있
다. 즉, 우리 법은 고소의 기간을 정함과 동시에 고소의 취소에도 기간 제한을 둠
으로써 고소권을 제한하고 있다. 고소 취소 제한에 있어 특히 공범이 있는 경우 고
소의 취소 효력 여부에 대한 주관적 불가분의 원칙이 문제 된다.

1. 의의

우리 형사소송법은 제230조에서 고소기간의 제한을 두고 있다. 친고죄는 범인
을 알게 된 날로부터 6월이 지나면 고소하지 못한다.

1) 고소기간 제도의 취지

고소기간의 제한은 형벌권의 적정한 행사라는 이유로 인정된다. 고소에 기간 제한을 설정하는 근거는 일반적으로 형사소추를 개인의 의사에 맡기는 상태를 무 제한으로 둠으로써 발생하는 폐해의 방지라고 할 수 있다.

이러한 제한은 국가와 가해자, 피해자의 입장에서 각각 의의를 가지고 있다.

첫째, 국가형벌권의 측면에서 본다면 친고죄에 의해 국가형벌권의 행사가 사 인의 처벌희망 의사표시에 따라 좌우되는 폐단이 있기 때문에 고소기간의 제한은 이를 방지하기 위한 것이라고 할 수 있다.[1] 형사사법권의 발동을 개인의 의사에만 맡겨 언제까지나 그러한 상태를 유지시키는 것은 공소권의 적정한 행사의 측면에 서 바람직하지 못하다는 것이다.

둘째, 피의자의 측면에서 본다면 가해자는 피해자의 의사에 따른 국가형벌권 의 행사 여부가 불분명한 상태라는 법적으로 불안한 지위에 있게 된다. 즉, 고소권 자가 언제까지나 고소하지 않고 피의자의 지위를 불안정한 상태로 하는 것은 인권 상의 문제가 있다는 것이다.[2] 따라서 고소기간의 제한은 피의자의 이러한 불안한 지위를 일정 기간이 지나면 확정하게 하는 의의가 있다.

이렇게 "공소권의 적정한 행사"와 "피의자의 법적 지위 보장"이라는 두 가지 측면이 본래적인 고소기간제도의 의의라고 할 수 있다.

그러나 다른 한편, 피해자의 측면에서 본다면 피해자는 6월이 경과하면 고소 할 수 없으므로 고소를 할 것인지 여부의 결단을 강요당하는 것이 된다.

따라서 고소기간의 해석에는 충돌하는 위의 이익들을 어떤 기준에 의해 형량 할 것인지가 문제 된다. 즉, 적정한 형벌권의 행사와 피의자보호라는 형사소송의 원칙과 피해자의 의사를 중시하는 친고죄의 취지 사이에서의 해석문제이다.

특히 성폭력 범죄의 경우에는 피해자의 측면을 중시한다. 즉, 피해자가 범죄 피해 후 정신적인 혼란상태에서 벗어나 자신이 당한 피해를 인식하고, 그 후 발생 할 상황을 파악한 뒤 고소 여부를 판단할 수 있도록 충분한 시간을 보장하여 둔 것 이다.[3]

---

1) 신동운, 위의 책, 140면.

2) 黑澤睦, "告訴期間制度の 批判的 檢討", 法學硏究論集 第17號, 明治大, 2002, 1면.

3) 일본에 있어서도 성범죄의 고소기간 철폐 이유를 '고소를 할 것인가 어떤가 하는 결단에 시간 을 필요로 하는 피해자의 심정에 비추어서'라고 한다. 신동운, 입문 일본형사수속법, 三井誠/酒

이하에서는 다음과 같은 것들을 살펴본다.

첫째, 공소권의 적정한 행사라는 근거에 대해서 같은 친고죄이면서도 기간제한이 없는 경우와의 비교해야 하고, 친고죄에 있어서의 고소와 같은 소송조건이면서 기간제한이 없는 고소, 고발이라는 다른 제도와의 비교에 의해서 분석할 필요가 있다.

둘째, 피의자의 법적 지위 보장이라는 근거에 대해서는 공소시효와의 관계에서 친고죄에 한해서 공소시효를 크게 밑도는 고소기간의 경과로 고소권의 소멸을 인정하는 것 자체에 문제가 있을 수 있다. 또한 고소기간의 기산점이 "범인을 알게 된 때"인 바, 피해자의 범인 여부에 대한 인식을 피의자는 모르는 것이므로 이러한 주장이 과연 피의자의 인권과 관계가 있는 것인지 살펴볼 필요가 있다.

2) 고소기간의 시기(始期)

고소기간의 시기는 범인을 알게 된 날이다. 범인을 알게 된 날은 범죄행위가 종료된 후에 범인을 알게 된 날을 가리킨다.

고소권자가 범죄행위가 계속되는 도중에 범인을 알았다 하여도, 그날부터 곧바로 고소기간이 진행된다고는 볼 수 없고, 고소기간은 범죄행위가 종료된 때로부터 계산하여야 하며, 동 행위의 반복이 당연히 예상되는 포괄일죄의 경우에는 최후의 범죄행위가 종료한 때에 전체 범죄행위가 종료된 것으로 본다.[4]

또한 범행 당시 고소능력이 없었다가 고소 당시에 비로소 고소능력이 생겼다면 고소시간은 고소능력이 생긴 때로부터 기산되므로, 피해자가 범인을 안 날로부터 6월이 경과된 후에 고소가 제기되었다고 하더라도 범행 당시 피해자가 11세에 불과하여 고소능력이 없었다가 고소 당시에 비로소 고소능력이 생겼다면, 고소기간은 고소능력이 생긴 때로부터 기산되어야 할 것이므로 고소기간이 경과된 것으로 볼 수 없다.[5] 또한 고소능력이 있더라도 불가항력[6]의 사유가 있는 때에는 그

卷吞 저, 신동운 역, 법문사, 2003, 15면.

4) 대법원 2004.10.28. 선고 2004도5014 판결.

5) 대법원 1995.5.9. 선고 95도696 판결.

6) 피해자가 범행 당시 15세로서 고소능력을 갖추고 있었지만, 실질적인 가해자라고 할 수 있는 계모 등의 보호, 감독 하에 있던 동안은 고소할 수 없는 불가항력의 사유가 있는 때에 해당한다. 부산지방법원 2008.4.25. 선고 2007고합705 판결.

사유가 없어진 날부터 기산한다.

　　법정대리인의 고소권은 무능력자의 보호를 위한 고유권이므로 피해자의 고소권 소멸 여부와 관계없이 고소할 수 있는 것이고, 이때 법정대리인의 고소기간은 법정대리인 자신이 범인을 알게 된 날부터 진행한다.[7]

2. 공소시효제도와의 관계

1) 공소시효의 본질

　　공소시효란 검사가 일정 기간 공소를 제기하지 않고 형사사건을 방치한 경우에 국가의 형사소추권이 소멸되는 제도를 말한다.[8] 공소시효제도는 범죄행위가 종료한 뒤 일정한 기간이 경과한 사실상의 상태를 존중하는 것을 취지로 하며, 이는 범인필벌의 요청[9]과 범죄자라 하더라도 소추에 관하여 불안정한 상태에 두어서는 안 된다는 법칙 안정성의 조정을 어느 선에서 하는 것인가에 중핵[10]이 있다.

　　공소시효의 본질에 대해서는 실체법설, 소송법설, 병합설 등이 대립 되고 있으며, 각 학설에 따라서 소급효금지의 원칙, 공소시효 정지사유의 유추적용, 공소시효 완성의 효력 등에서 다른 해석을 하게 된다.

(1) 실체법설

　　실체법설은 공소시효를 실체법상의 형벌권을 소멸시키는 제도로 본다. 즉, 일정한 시간이 경과하면 범죄인에 대한 사회의 처벌욕구가 감소하거나 또는 범죄인이 심리적으로 처벌받은 것과 같은 정도의 고통을 받기 때문에 공소시효가 완성되면 국가의 소추권뿐 아니라 국가의 형벌권이 소멸한다고 보는 견해이다.[11] 일정한

---

7) 대법원 1987.6.9. 선고 87도857 판결.

8) 배종대·이상돈, 368면: 신동운, 397면; 신현주, 422면; 이영란, 440면; 이재상, 382면.

9) 이러한 의미에서 국가기관에 의한 범죄에 대해 공소시효가 완성하였더라도 처벌을 가능하게 하여 공소시효의 혜택을 부여해서는 안된다는 주장들이 있으며, 공소시효배제와 공소시효정지를 골자를 하는 특별법 제정 주장이 있다. 김일수, 국가범죄 공소시효 없애라, 동아일보, 2002년 1월 9일자; 조국, 반인권적 국가범죄와 공소시효의 정지 배제, 공권력에 의한 반인도적 범죄의 처벌방안과 재발방지대책, 참여연대, 2002년 2월 5일; 하태영, 공소시효제도의 문제점과 개정방향, 비교형사법연구 제4권 제1호, 비교형사법학회, 2002.

10) 헌법재판소 1995.1.20. 94헌마246 결정.

11) 송광섭, 445면.

기간이 경과하면 국가가 미확정 형벌권의 행사를 포기하여 형벌권을 소멸시킴으로써 형사피의자의 법적 안정성[12]을 보장하려고 하는 장치가 공소시효제도라는 것이며, 미확정 형벌권의 소멸이라는 실체법적인 사유가 소송법상 제도화된 것으로 본다. 종전 우리 헌법재판소[13]의 다수의견은 "공소시효제도의 실질은 국가형벌권의 소멸이라는 점에서 형의 시효와 마찬가지로 실체법적 성질을 가진 것"이라고 하여 실체법설의 입장에 있다.

(2) 소송법설

이에 반해 소송법설은 공소시효제도를 증거의 멸실에 의해 정확한 재판을 할 수 없다는 관점에서 파악한다. 즉, 공소시효를 절차적 관점에서 공소제도를 일정한 시간의 경과로 인하여 발생하는 증거의 멸실과 산일(散逸) 때문에 국가기관이 현실적으로 형사소추를 행하기 곤란하다는 점과 국가기관의 임무태만에 대하여 책임을 묻는다는 점에서 소송법적으로 인정된 제도라고 한다.[14] 소송법설에 따르면 공소시효의 정지규정은 소송법상의 규범이므로 유추적용도 가능하다고 하며, 따라서 법률상의 사유는 물론 국가권력기관이 형사소추권을 행사할 수 없었던 사실상의 장애사유가 존재하는 경우에도 공소시효의 정지를 인정할 수 있다고 한다. 우리 헌법재판소[15]는 공소시효제도의 본질에 대해서 "국가가 공소제기를 할 수 있었음에도 오랫동안 공소를 제기하지 않음으로써 증거의 산일 등으로 공정한 재판을 못하게 되는 것은 국가에게도 책임이 있으므로 죄질에 상응한 일정 기간 동안 공소제기를 하지 아니한 채 경과하면 소추를 하지 못하게 함으로써 형사처벌을 할 수 없도록 하는 것"이라고 함으로 소송법설을 취하는 것으로 견해를 변경하였다.

(3) 신소송법설

신소송법설은 공소시효의 본질을 법의 적정절차의 보장이라는 관점에서 파악

---

12) 피의자의 법적 안정성은 실체법설뿐 아니라 신소송법설의 논거이기도 하다. 그러나 실체법설에서의 법적 안정성은 범죄의 가벌성 소멸로 인한 반사적 효력으로, 신소송법설에서의 법적 안정성은 절차적 권리로서의 효력을 가진다고 보인다.

13) 헌법재판소 1993.9.27. 92헌마284 결정.

14) 배종대·이상돈, 370면; 백형구, 120면; 신현주, 425면; 이재상, 383면; 정웅석·백승민, 710면; 진계호, 407면.

15) 헌법재판소 1996.2.16. 96헌가2, 96헌바7, 96헌바13 결정.

하여야 한다고 한다.16) 즉 공소시효제도는 피의자의 안정적인 지위 확보를 위한 국가 소추권의 제한으로 파악하여 국가의 형벌권 실현을 희생해서라도 개인이 기소당할 불안정한 지위를 해소하여 준다는 것이다. 따라서 공소시효도 법의 적정절차 이념에 비추어 행위 시의 시효기간보다 불리한 기간 연장은 허용되지 않으며, 법의 적정절차의 보장과 무관한 소송현상은 소급입법의 적용을 받지만, 시효는 헌법상의 법의 적정절차와 관련된 사항이므로 불이익한 소급은 금지된다고 한다.

(4) 병합설

병합설은 실체법설과 소송법설의 논거를 모두 채용하여, 공소시효를 범죄에 대한 사회의 처벌욕구감소나 범죄인의 처벌필요성 완화 등 실체 형벌권에 관한 사유뿐만 아니라 증거의 멸실 등을 이유로 한 형사소추상의 애로점 등을 함께 고려하여 마련된 제도라고 본다.17) 즉, 공소시효제도는 기본적으로 죄를 범한 사람은 반드시 처벌되어야 한다는 범인필벌의 요청과 비록 죄를 범한 사람이라고 하더라도 언제까지나 소추에 관하여 불안정한 상태에 두어서는 안 된다는 법적 안정성의 요청을 정책적으로 조화시킨 제도이기 때문이라는 것이다.18) 이에 따르면 공소시효의 완성은 소추권을 소멸시킬 뿐만 아니라, 범죄행위에 의해 파괴된 법질서의 회복을 의미한다. 따라서 공소시효완성은 형벌필요성의 소멸을 의미하고, 공소시효는 절차법상 소송장애사유이고, 실체법상 인적 처벌조각사유라고 한다.19)

(5) 학설의 검토

범죄인에 대한 사회의 처벌욕구가 감소함과 범죄인이 심리적으로 처벌받은 것과 같은 정도의 고통을 받게 됨을 근거로 하는 실체법설은 사법적 정의와 관련하여 아무리 시간이 경과한다 하더라도 일단 실체법적으로 발생한 국가형벌권을 소멸시키는 것은 죄를 지은 자는 처벌되어야 한다는 관점에서 바람직하지 못하다20)는 비판이 있다. 이와 관련하여 실체법설을 국가형벌권의 소멸이 아닌 국가형벌권

---

16) 차용석 · 최용성, 313면.

17) 신동운, 400면; 신양균, 314면; 임동규, 304면; 정영석 · 이형국, 239면.

18) 신동운, 400면.

19) 김성돈, 공소시효제도와 소급금지원칙, 법학논고 제11집, 경북대학교 법학연구소, 1995, 10면.

20) 신동운, 399면.

의 감소라고 해석하여 이러한 비판을 일부 피할 수 있다는 견해21)가 있으나, 시효는 시간의 경과에 따른 효력의 유무에 대한 깃이므로 공소시효의 경과로 국가의 형벌권이 소멸된다고 보아야 하며, 이것이 감소되는 제도라고 볼 수 없다.

또한 실체법설을 따른다면 공소시효의 완성으로 무죄판결을 선고하여야 하나, 면소판결22)을 하고 있으므로 우리 형사소송법의 태도와 맞지 않는다.

실체법적으로 발생한 형벌권의 소멸이 바람직하지 못하다는 비판은 다음과 같이 분설할 수 있다.

첫째, 사회의 처벌욕구 감소에 대해서는

① 공소시효와 형의 시효와의 관계를 보면, 공소시효23)의 대략 형의 시효24)의 반 정도의 기간으로 완성하게 된다. 그러나 재판확정 전과 재판확정 후에 범죄인에 대한 사회의 처벌 욕구 감소에 차이가 있다고 하는 것은 문제가 있고, 양자의 시효기간이 다른 이유가 명확하지 않다.25)

② 범인이 도망생활을 하여 언젠간 잡혔으나 공소시효가 완료된 경우에는 반대로 사회의 공분을 가중시키는 경우도 있을 수 있고, 시간의 경과에 의해

---

21) 黑澤睦, 위의 글, 4면.
22) 형사소송법 제326조(면소의 판결) 다음 경우에는 판결로써 면소의 선고를 하여야 한다.
   3. 공소의 시효가 완성되었을 때
23) 형사소송법 제249조(공소시효의 기간) ① 공소시효는 다음 기간의 경과로 완성한다.
   1. 사형에 해당하는 범죄에는 25년
   2. 무기징역 또는 무기금고에 해당하는 범죄에는 15년
   3. 장기 10년 이상의 징역 또는 금고에 해당하는 범죄에는 10년
   4. 장기 10년 미만의 징역 또는 금고에 해당하는 범죄에는 7년
   5. 장기 5년 미만의 징역 또는 금고, 장기10년이상의 자격정지 또는 벌금에 해당하는 범죄에는 5년
   6. 장기 5년 이상의 자격정지에 해당하는 범죄에는 3년
   7. 장기 5년 미만의 자격정지, 구류, 과료 또는 몰수에 해당하는 범죄에는 1년
24) 형법 제78조(시효의 기간) 시효는 형을 선고하는 재판이 확정된 후 그 집행을 받음이 없이 다음의 기간을 경과함으로 인하여 완성된다. <신설 2017.12.12.>
   1. 사형은 30년
   2. 무기의 징역 또는 금고는 20년
   3. 10년 이상의 징역 또는 금고는 15년
   4. 3년 이상의 징역이나 금고 또는 10년 이상의 자격정지는 10년
   5. 3년 미만의 징역이나 금고 또는 5년 이상의 자격정지는 7년
   6. 5년 미만의 자격정지, 벌금, 몰수 또는 추징은 5년
   7. 구류 또는 과료는 1년
25) 黑澤睦, 위의 글, 4면.

사회의 처벌욕구가 감소한다고도 할 수 없다.

③ 또한 범인이 외국에 있는 기간 동안 시효의 진행이 정지된다는 규정[26]과 해석상 부합되지 않는다.

둘째, 범죄인이 심리적으로 처벌받은 것과 같은 정도의 고통을 받게 된다는 점에 대해서는,

① 시효 기간 동안 범인이 처벌을 받는 것과 같다는 것은 일응 시효제도의 논거로 볼 여지가 있다. 그러나 실체법설은 공소시효 기간 동안 피의자의 이러한 상황이나 영향에 대해 실증적인 논거를 제시하고 있지 않으며,

② 더구나 공소시효와 형의 시효라는 두 가지 제도를 비교해 본다면 형을 선고받은 후 시효기간의 경과는 처벌이 확정된 상태이므로 처벌받는 것과 같은 정도의 고통을 받게 된다고 말할 수 있으나, 공소가 제기되지 않은 상태에서는 이와 같은 영향을 인정하기는 어렵다고 본다. 따라서 이 근거는 형의 시효에 대한 논거는 될 수 있지만 공소시효제도의 논거로 보기는 어렵다.

증거의 멸실 때문에 국가기관이 현실적으로 형사소추를 행하기 곤란하다는 점과 국가기관의 임무태만에 대하여 책임을 묻는다는 소송법설은 다음과 같은 이유로 찬성할 수 없다.

공소시효는 법정형이 경중에 따라 그 기간의 장단이 정해져 있는데 이렇게 범죄의 중대성 여부에 따라 피의자를 다르게 처리하는 것은 의문이 있다. 즉, 공소시효 기간은 소송법설에 따르더라도 피의자 입장에서 법적 안정성이 불안정한 상태가 유지되는 기간이므로 공소시효 기간은 피의자의 이익과 연결이 된다고 봐야 한다. 그런데 판결이 선고되기 전인 수사, 공소제기 단계에서 범죄의 중대성 여부에 따라 피의자를 다르게 처리를 하는 것은 피고인보호라는 소송법상의 원칙에 반하며, 무죄추정의 원칙에도 반하는 해석이라고 본다.

그리고 신소송법설은 공소시효 기간이 완료되면 피의자를 소추로부터 해방하는 것을 피의자의 안정적인 지위 획득만을 근거로 들고 있다. 즉, 형벌권 소멸에 대한 정책적인 논거만을 제시하고 이론적 논거에 대한 설명이 불충분하다.

병합설은 실체법설과 소송법설을 더한 것이기 때문에 양설에 대한 비판이 적

---

26) 형사소송법 제253조(시효의 정지와 효력) ③ 범인이 형사처분을 면할 목적으로 국외에 있는 경우 그 기간 동안 공소시효는 정지된다.

용된다고 할 수 있다. 또한 병합설은 사회적 처벌욕구, 형벌요구의 감소와 증거의
멸실 등으로 인한 소추상의 애로점의 양자를 근거로 들고 있지만, 이미 실체법적
으로 형벌권이 소멸했다고 보는 이상 소송법적인 논거는 의미가 크다고 할 수 없
으므로, 실질적으로 실체법설과 크게 다르지 않다고 보인다.

이처럼 실체법설, 소송법설, 신소송법설은 어느 것이든 공소시효라는 제도의
제한된 측면만 파악하고 있다. 공소시효 제도의 취지를 충분히 파악하기 위해서는
각 설의 근거를 합한 전반적인 고려가 필요하다고 본다. 따라서 기본적으로는 병
합설의 태도가 합당하다고 보나, 병합설은 실체법설과 소송법설의 논거만을 채용
하고 있다. 여기에는 신소송법설의 논거인 적정절차 보장에 따른 피의자의 안정적
인 지위 확보라는 논거가 명백히 포함되어야 한다고 본다. 시효제도의 이익은 소
송법의 원칙에 따라 피의자가 향유하여야하기 때문이다. 다만, 병합설을 주장하는
견해에서도 '범인필벌의 요청과 비록 죄를 범한 사람이라고 하더라도 언제까지나
소추에 관하여 불안정한 상태에 두어서는 안 된다는 법적 안정성의 요청을 정책적
으로 조화시킨 제도'27)라고 봄으로서 신소송법설의 논거를 배제하고 있지는 않다.

본래 친고죄의 고소기간을 제한한 취지는 국가형벌권발동의 여부를 사인인 고
소권자의 의사에 맡긴 채 필요이상으로 장기간 동안 방치해 두는 것은 적당하지
않다고 생각하였기 때문이라 할 수 있다. 비친고죄에서는 고소기간의 제한 없이
공소시효가 완성될 때까지 공소제기가 허용된다. 이에 대하여 친고죄에서는 공소
권의 적정한 행사의 요청이라는 피해자 보호와는 관계없는 이유로 공소시효기간
보다 훨씬 짧은 고소기간의 경과에 의해 이후 범인을 소추·처벌할 기회를 완전히
봉쇄하게 되는 것이다. 이는 범인의 처벌이라는 국가이익을 희생하면서까지 고소
권자의 의사를 존중하여 그 명예 등의 이익을 보호한다는 취지를 살리기보다는 피
의자에게 부당한 특권을 부여하는 결과를 초래하게 되는 것이라 할 수 있다.

2) 공소시효제도와 고소기간제도와의 관계

공소시효제도의 취지를 이런 식으로 이해하였을 경우, 고소기간제도와의 관계
에 대해 알아보기로 한다. 위에서 알아본 바와 같이 "공소권의 적정한 행사"와 "피
의자의 법적 지위보장"이라는 두 가지 측면이 본래적인 고소기간제도의 의의라고

---

27) 신동운, 400면.

할 수 있다.

우선 고소의 기간제한에 관한 ① 형사사법권의 발동을 개인의 의사에 맡겨 언제까지 불안정한 상태로 두는 것은 바람직하지 않다는 의미의 "공소권의 적정한 행사"라는 근거는 공소시효제도의 취지와는 겹치지 않고, 그 한계 때문에 문제가 생긴다. 그러나 ② 고소권자가 언제까지나 고소하지 않고 피의자의 지위를 불안정한 상태로 두는 것은 인권상 문제가 있다고 하는 "피의자의 법적 지위 보장"이라고 하는 근거에 대해서는 앞서 말한 것처럼 친고죄에 한해서 공소시효기간을 크게 밑도는 기간의 경과를 가지고 고소권의 소멸을 인정한다는 것 자체에 문제가 있고 공소시효제도와의 조화로운 해석을 할 수 없다는 문제가 있다.

이것은 공소시효제도에 있어서 "범인을 언제까지나 불안정한 상태로 두어서는 안 된다는 법적안정성 요청"이라는 근거와 중복하지 않는가라는 지적이라고도 할 수 있다. 문제는 이러한 "피의자의 법적 지위의 안정"이라는 요소가 완전하게 중복하는 것인지 그리고 만약에 완전히 중복하지 않았을 경우에 이것이 친고죄에 있어서 고소에 기간제한을 인정하는 근거가 되는 것 인지이다. 이러한 문제가 해석상 해결이 되어야 공소시효와 다른 고소기간의 존재의의가 밝혀질 것이다.

(1) 공소시효와 고소기간제도상 피의자의 법적 지위의 내용

피의자 법적 지위의 안정이라는 요소는 공소시효제도와 고소기간제도의 중복된 논거이다. 그러나 두 제도에서 그 의미가 같은 의의로 쓰이고 있는가는 다른 문제이다.

공소시효제도와 고소기간제도에 있어서 피의자의 법적 지위 안정이라는 논거는 완전히 중복된 논거라고 볼 수 없다.[28] 왜냐하면 같은 "피의자 법적 지위의 안정"이라고 해도 그 예정된 내용이 다르기 때문이다.

즉, 비친고죄인 일반 범죄의 공소시효의 경우에는 피해자의 의사와 관계없이 종국적으로 피의자 법적 지위 안정의 시기[29]가 일률의 기간을 가지고 결정된다.

그러나 친고죄의 경우에는 피해자 등이 고소할지 안 할지에 따라서 피의자의 법적 지위가 크게 좌우되므로 범인에 대해서 친고죄만이 가지는 특별한 정신적 압

---

28) 黑澤睦, 위의 글, 5면.

29) 물론 범죄별로 공소시효기간이 다르지만 이 기간은 법정된 기간이므로 피해자의 의사에 관계 없이 기간만료는 정해진다.

박을 줄 수 있다.

또 고소권의 행사가 재판 외에서 다른 방식으로 행사되어 이른바 도구로써 이용될 가능성도 있다.30)

이처럼 공소시효제도와 고소기간제도에 있어서 피고인의 법적 지위 안정이라는 요소는 내용에서 차이가 있으며, 완전히 일치한다고 할 수는 없다고 볼 것이다.

(2) 고소기간제도와 피의자의 법적 지위

다음으로 공소시효제도의 경우와는 다른 고소기간제도에 있어서 이러한 피의자의 법적 지위라는 요소가 고소기간제도의 근거로 될 수 있는지에 대해 알아본다.

우선 피의자의 법적 지위를 중시한다면 고소기간은 공소시효처럼 범죄행위가 끝났을 때부터 진행해야 하지만 앞서 알아본 바와 같이 실제로는 고소권자가 "범인을 안 날"이라고 되어 있다. 고소권자가 범인을 안 날에 대해서 피의자는 통상적으로 이를 알 수 없고, 따라서 피의자가 알 수 없는 시점부터 기간이 진행된다.

이것은 다른 한편 고소기간 도과의 효력과도 관련이 있다. 피의자의 법적 지위를 중시한다면 고소기간의 도과는 절대적 효력이 있어야 한다. 하지만 실제로는 고소기간 자체가 피해자인 고소권자의 관점을 중시하고 있어 그 시기가 피의자의 주장에 따라 달라질 가능성이 있다. 따라서 실질적으로 피의자의 법적 지위가 보장받기 어려울 수 있다.31)

그리고 피해자 등이 고소권을 행사할 것인지 아닌지 하는 처분권을 쥐고 있는 것에 대한 정신적 압박에 대해서는 비친고죄에 있어서 수사기관의 수사상의 재량이나 검사의 소추재량과 비교해도 반드시 크다고는 할 수 없다. 게다가 고소에 의해 수사·소추에 대한 규제라는 촉진적 효과는 고소 자체의 효과이며 친고죄에 있어서 고소에 한정되는 것은 아니다.

더욱이 고소권을 재판 외 해결이라는 이른바 도구로써 사용되는 가능성에 대해서는 부정할 수 없지만, 이것은 화해프로그램 등을 정비하여 그중에서 촉진자 등에 의한 정성 들인 준비와 중립적인 진행을 기대하는 것이 중심이라고 할 수 있다.

따라서 앞서 말한 것처럼 범인 지위의 안정이라는 요소는 고소의 기간을 제한하는 근거로서는 현행범의 해석론으로서도 입법정책론으로서도 충분한 근거를 가

---

30) 黑澤睦, 위의 글, 5면.

31) 이는 피해자가 범인을 알게 된 때, 고소권을 도구로 사용하는 것에 대해 영향이 있다.

지고 있다고는 할 수 없다.

3. 소결

고소기간 제도의 취지는 피의자 지위의 안정과 공소권의 적정한 행사로 볼 수 있다. 전자는 공소시효제도의 취지에 비추어 볼 때 별도로 고려할 필요는 없다고 보인다. 후자는 기간제한이 없는 친고죄나 타 제도와의 비교에서 고소기간이 절대적인 것이기 때문이 아니라 신고 자체가 개인이라는 점이 문제 되고 있는 것을 알았다.

친고죄의 취지나 고소(특히 친고죄의 고소)가 피해자 등의 사건·분쟁에 대한 자기 의사표시의 표명이라는 중대한 의의를 가지고 있는 점을 고려하여 고소기간 제도는 재고되어야 한다. 고소가 없는 경우에는 친고죄의 취지를 몰각하는 조사활동 등은 허락되지 않는다. 이 경우 증거의 산실 문제는 친고죄의 단점이며 공소시효의 취지와 중복되며 「사건선별」 등의 국가 이익을 고려한 단편적인 시점에 입각한 것이다. 피해자와의 관계에서는, 성실한 조사는 「대응의 방법」에 달려 있다.

「범인임을 알았다」의 의의는 피해자 등의 관점을 중시한 인간관계에 확인설이 타당하다. 또 인간관계적인 고려를 중시한다고 하는 것은 친고죄에 있어서는 재판 외 해결이 기대된다고 할 수 있다.

02

고소의 추완

1. 의의

추완이란 자신의 책임 없는 사유로 소송상의 기간을 지키지 못한 경우, 법원의 재판에 의하여 기간의 해태가 치유되어 기간이 해태되지 않은 것으로 가정하는 제도이다. 고소의 추완이란 친고죄에 있어서 고소가 없는 상태에서 공소를 제기하고, 소송이 계속 중인 동안에 피해자의 고소가 있는 경우에 이 고소의 효력을 인정하여 무효인 공소제기를 유효로 만들 수 있는가의 문제이다. 고소의 추완 인정 여부에 관해서는 다음과 같은 견해가 대립한다.

2. 학설의 태도

1) 인정설

고소의 추완을 인정하는 견해[32]는 형사소송의 동적·발전적 성격에 비추어 당해 사건의 친고죄 여부는 심리도중에 판명되는 경우가 있으므로 공소제기시에 고소를 절대적으로 필요로 하는 것은 적합하지 않다는 점과 고소의 추완을 부정하는 경우에 검사는 일단 공소기각판결을 선고받은 다음에 재차 기소를 하게 될 터인데 이는 검사에게 무용한 절차를 반복하게 하는 일이어서 소송경제와 절차유지의 원칙에 반하기 때문에 고소의 추완을 인정해야 한다고 한다.

---

32) 백형구, 185면.

2) 제한적 인정설

이 견해는 공소제기시에 이미 친고죄임이 명확히 된 경우인데도 고소가 없는 경우에는 추완을 인정할 수 없지만, 비친고죄로 기소된 사건의 심리결과 친고죄로 판명되거나 친고죄가 추가된 경우는 고소의 추완을 인정하여야 한다고 한다. 고소가 없는 경우에 공소기각 판결을 하는 것은 검사의 공소제기에 대한 평가라는 적극적 판단을 포함하므로 추완을 인정하는 것은 검사에게 공소제기에 비난할 점이 없는 경우로 제한되어야 하기 때문이라고 한다.

또 하나의 견해[33]는 개인적 갈등의 성격이 강한 모욕죄 등의 비폭력적 친고죄는 고소가 없는데도 피고인에게 형사절차의 부담을 주는 것은 범죄의 중대성에 비추어 볼 때 형사절차의 비례성원칙에 어긋나므로 고소의 추완을 부정하여야 한다고 한다.

3) 부정설

고소의 추완을 부정하는 견해는 친고죄의 고소는 공소제기의 적법·유효요건이므로 고소가 없으면 공소제기는 무효가 된다[34]고 해야 하고, 유효한 고소의 존재는 전체로서의 소송이 생성·유지·발전하기 위한 소송조건으로서[35] 공소제기는 절차의 형식적 확실성이 강하게 요청되는 소송행위라는 것을 이유로 고소의 추완을 부정한다.

3. 판례의 태도

판례는 고소의 추완을 부정하는 입장이다.

이와 관련하여 조세공무원의 고발과 관련하여 "세무공무원의 고발 없이 조세범칙 사건의 공소가 제기된 후에 세무공무원이 그 고발을 하였다 하여도 그 공소절차의 무효가 치유된다고는 볼 수 없다 할 것이므로 원심이 본건에 있어 세무공무원의 고발이 없는 본 건 공소는 공소제기의 절차가 법률의 규정에 위반한 무효

---

33) 배종대·이상돈, 153면.

34) 이재상, 160면.

35) 신동운, 신형사소송법, 140면.

라 하여 그 공소를 기각한 1심 판결이 있은 후에 ○○세무서장이 그 고발 조치를 취하였다하여도 그 공소절차의 무효가 치유되는 것이 아니라고 한 판단은 정당하다."고 판시36)하여 고발에 있어서도 같은 입장을 취하고 있다.

이와 같이 우리 판례는 고소뿐만 아니라 고발에 있어서도 일관되게 고소의 추완을 부정하는 입장을 취한다.

4. 소결

고소의 추완을 인정하는 견해는 친고죄 여부는 심리도중에 판명되는 경우가 있으므로 공소제기시에 고소를 절대적으로 필요로 하는 것은 적합하지 않다는 점과 고소의 추완을 부정하는 경우에 검사는 일단 공소기각판결을 선고받은 다음에 재차 기소를 하여야 하므로 소송경제의 문제가 있다고 한다.

먼저 공소제기시에 고소를 절대적으로 필요로 하는 것이 적합하지 않다는 주장은 유추해석 금지의 원칙에 어긋난다고 본다. 친고죄는 고소를 공소제기의 요건으로 하는 범죄이고 개별 친고죄 규정에는 이러한 내용이 명문으로 규정되어 있기 때문이다.

또한 소송경제를 이유로 고소의 추완을 인정하는 것도 타당하지 못하다고 본다. 왜냐하면 형사소송의 이념에 어긋나기 때문이다. 형사소송절차는 국가형벌권으로부터 피고인을 보호하는 것을 기본이념으로 삼고 있으므로 소송경제를 이유로 고소의 추완을 인정할 수는 없다고 본다.

친고죄의 고소가 국가형벌권의 행사에 피해자의 의사를 반영하는 규정이기는 하지만, 피해자의 의사에 의해 피고인이 불이익을 받는 경우는 명문으로 규정해야 한다. 명문규정이 없는 상태에서 고소의 추완을 인정하는 것은 '불리할 때는 피고인의 이익으로'라는 형사소송의 기본이념과 죄형법정주의의 이념에도 어긋난다고 본다. 따라서 고소의 추완을 인정할 수는 없다.

또한 학설의 논거는 고소 없이 공소를 제기한 검사의 행위만을 기준으로 고소의 추완 인정 여부를 삼고 있으나, 고소의 추완을 인정할 수 있는 여지는 피해자의 의사에 제한되는 형벌권의 범위설정에 있다고 본다. 친고죄의 취지를 경미한 인격

---

36) 대법원 1970.7.28. 선고 70도942 판결.

적 법익에 대한 피해자의 의사에 의한 비범죄화 효력이라고 볼 때에도, 고소의 추완은 부정되어야 한다. 고소의 추완을 인정한다면 피해자의 의사에 의해 형벌권이 행사되어 범죄화라는 효력이 발생하기 때문이다.

03

고소의 취소

우리 형사소송법은 제232조 제1항에서 고소는 제1심판결선고 전까지 취소할 수 있다고 규정하고 있다. 고소취소는 범인에 대한 처벌 희망의 의사표시를 철회하는 법률행위적 소송행위이다. 고소취소는 국가형벌권의 행사에 피해자의 의사를 개입시키는 반면, 국가형벌권이 지나치게 오랫동안 사인의 의사표시에 좌우되는 것을 막기 위해 이를 제1심판결선고 전까지로 제한하고 있다.[37] 또한 이러한 의미에서 형사소송법 제232조 제2항에서는 고소를 취소한 경우 다시 고소를 하지 못한다고 규정하고 있다.

고소취소에서 문제가 되는 것은 첫째, 공범자가 있는 경우에 공범자 1인에 대하여 제1심판결이 선고되어 그에 대한 고소취소가 불가능한 시점에서 아직 제1심판결선고 전의 다른 공범자에 대한 고소취소가 가능한가와 둘째, 항소심에서 비로소 친고죄로 공소장이 변경된 경우 고소취소의 효력 여부에 대한 것이다.

1. 공범자에 대한 고소취소의 효력

1) 학설의 태도

이에 대해, 긍정설은 친고죄에 있어 처벌희망 여부에 관한 피해자의 의사를 존중하여 고소의 취소가 가능하다고 보며, 다만 이미 판결이 선고된 공범에게는 그 효력이 미치지 않는다고 본다.[38]

---

37) 대법원 1988.3.8. 선고 85도2518 판결.

38) 김기두, 202면.

반면, 부정설은 고소취소의 효력이 공범자에게 함께 미친다는 고소불가분의 원칙과 조화되지 않으며, 국가 형사소추권의 행사에 사인의 의사표시가 지나치게 작용하여 불공평한 결과를 초래하는 흠이 있으므로39) 공범자에게 제1심판결이 선고되면 다른 공범자에 대하여 고소를 취소할 수 없다고 한다.40)

2) 판례의 입장

판례는 "친고죄의 공범 중 그 일부에 대하여 제1심판결이 선고된 후에는 제1심판결선고 전의 다른 공범자에 대하여는 그 고소를 취소할 수 없고, 그 고소의 취소가 있다 하더라도 그 효력을 발생할 수 없으며…"라고 판시41)하여 부정설의 입장을 취하고 있다. 동 판례는 이때의 공범은 필요적 공범이나 임의적 공범을 구별하지 않고 모두 적용된다고도 판시하였다.

3) 소결

우리 형사소송법은 제233조에서 "친고죄의 공범 중 그 1인 또는 수인에 대한 고소 또는 그 취소는 다른 공범자에 대하여도 효력이 있다."고 하여 고소불가분의 원칙을 규정하고 있다. 주관적 고소불가분의 원칙은 공범자 1인 또는 수인에 대한 고소 또는 그 취소의 효력을 공범자 전원에게 미치게 함으로써, 고소권자의 자의적 선택에 의한 불공평과 고소권자의 의사에 의한 국가형벌권의 무력화를 막기 위한 취지이다.

우리 법이 고소불가분의 원칙을 명문으로 인정하고 있으므로, 공범자에게 제1심판결이 선고되면 다른 공범자에 대하여 고소를 취소할 수 없다.

다만 고소불가분의 원칙이 입법론으로 타당한지는 의문이 있으며 이는 후술하기로 한다.

---

39) 신동운, 148면.
40) 배종대·이상돈, 200면; 백형구, 54면; 송광섭, 352면; 신동운, 148면; 신양균, 106면; 신현주, 219면; 이영란, 244면; 이재상, 205면; 임동규, 145면; 정웅석·백승민, 459면; 진계호, 221면.
41) 대법원 1985.11.12. 선고 85도1940 판결. 따라서 고소가 취소되었음에도 불구하고 공소기각판결을 하지 않은 것은 정당하며, 고소불가분의 원칙에도 위배되지 않는다고 한다.

2. 항소심에서 공소장이 변경되어 친고죄로 된 경우 고소취소의 허용 여부

1) 항소심에서의 공소장변경 허용 여부

공소장변경이 처음부터 허용되지 않는다면 고소취소 논의의 실익이 없으므로 먼저 항소심에서의 고소취소를 알아보기 위해서는 공소장변경이 허용되는가를 알아보아야 한다. 이에 대해서는 항소심의 구조를 어떻게 보느냐에 따라 결론이 달라진다. 항소심의 구조를 사후심으로 본다면 공소장변경이 허용되지 않는다.[42] 항소심의 구조를 속심으로 본다면 공소장변경은 허용된다.[43]

판례는 "변경된 공소사실이 당초의 공소사실과 기본적 사실관계에서 동일하다고 보는 이상 설사 그것이 새로운 공소의 추가적 제기와 다를 바 없다고 하더라도, 현행법상 형사항소심의 구조가 오로지 사후심으로서의 성격만을 가지고 있는 것은 아니어서 공소장의 변경은 항소심에서도 할 수 있는 것"이라고 판시[44]함으로써, 속심의 성격을 인정하고 있다.

또한 "법원이 종결된 변론을 재개하여 다시 공판심리를 하게 된 경우에도 검사는 적법하게 공소장변경 신청을 할 수 있고 항소심절차에서도 이를 할 수 있으며 법원에 필요한 경우 직권으로 증거조사를 할 수 있다고 할 것이므로, 항소심법원의 변론기일에 변론을 종결하였다가 그 후 변론을 재개하여 심리를 속행한 다음 직권으로 증인을 심문한 뒤 검사의 공소장변경 신청을 허가하였다고 하더라도 이와 같은 항소심의 조치는 형사소송법의 절차나 규정에 위반하였다고 볼 수 있다."고 판시[45]하여 공소장변경을 허용하고 있다.

통설[46]도 판례의 태도와 같이 항소심의 성격을 속심으로 봄으로써 공소장변경을 허용하고 있다. 항소심은 실체적 진실발견의 측면에서 통설, 판례와 같이 속

---

42) 이러한 입장에서는 항소심을 원심판결의 적법성을 검토하는 것으로 이해하므로, 원심판결의 심판범위의 변경을 초래하는 공소장 변경을 인정하지 않는다.

43) 이러한 입장에서는 항소심을 원심판결의 적법성을 검토하는 것으로 이해하므로, 원심판결의 심판범위의 변경을 초래하는 공소장 변경을 인정하지 않는다.

44) 대법원 1995.2.17. 선고 94도3297 판결.

45) 대법원 1995.12.5. 선고 94도1520 판결.

46) 배종대·이상돈, 451면; 백형구, 193면; 신동운, 512면; 신양균, 493면; 이영란, 498면; 이재상, 419면; 임동규, 352면; 정웅석·백승민, 1018면; 진계호, 450면.

심으로 보아야 할 것이므로, 공소장변경은 허용된다고 보는 것이 타당하다.

다음으로, 공소장변경이 허용된다고 할 때 항소심에서 친고죄로 변경된 경우 고소취소의 효력에 대해 알아본다.

2) 판례의 입장

제1심에서 심판의 대상이 된 공소사실은 비친고죄였으나, 항소심에서 친고죄로 공소장변경이 된 경우에 고소취소를 허용할 수 있는가에 대해서 학설과 판례가 다양하게 전개되고 있다.

(1) 다수의견

원래 고소의 대상이 된 피고소인의 행위가 친고죄에 해당할 경우 소송요건인 그 친고죄의 고소를 취소할 수 있는 시기를 언제까지로 한정하는가는 형사소송절차운영에 관한 입법정책상의 문제이기에 형사소송법의 그 규정은 국가형벌권의 행사가 피해자의 의사에 의하여 좌우되는 현상을 장기간 방치하지 않으려는 목적에서 고소취소의 시한을 획일적으로 제1심판결 선고 시까지로 한정한 것이고, 따라서 그 규정을 현실적 심판의 대상이 된 공소사실이 친고죄로 된 당해 심급의 판결 선고 시까지 고소인이 고소를 취소할 수 있다는 의미로 볼 수는 없다 할 것이어서, 항소심에서 공소장의 변경에 의하여 또는 공소장변경절차를 거치지 아니하고 법원 직권에 의하여 친고죄가 아닌 범죄를 친고죄로 인정하였더라도 항소심을 제1심이라 할 수는 없는 것이므로, 항소심에 이르러 비로소 고소인이 고소를 취소하였다면 이는 친고죄에 대한 고소취소로서의 효력이 없다.

이러한 대법원의 태도는 이전 판결[47]에서도 찾아볼 수 있으며, 유사하게 반의사불벌죄에서 처벌불원의 의사표시가 있는 경우에도 제1심판결 후에는 그 효력이 없다는 판결[48]도 있다.

(2) 소수의견

형사소송법 제232조 제1항 소정의 고소는 친고죄의 고소를 의미하고, 친고죄

---

47) 대법원 1983.7.26. 선고 83도1399; 1985.2.8. 선고 84도2682 판결.
48) 대법원 1988.3.8. 선고 85도2518 판결.

에 있어서 고소나 고소취소와 같은 소송조건의 구비 여부는 현실적 심판이 된 공소사실을 기준으로 판단하여야 하므로, 위 조항은 친고죄에 있어 고소는 현실적 심판대상이 된 친고죄에 대한 제1심판결의 선고 전까지 취소할 수 있다는 의미로 해석하여야 할 것이고, 따라서 친고죄가 아닌 죄로 공소가 제기되어 제1심에서 친고죄가 아닌 죄의 유죄판결을 선고받은 경우, 제1심에서 친고죄의 범죄 사실은 현실적 심판대상[49]이 되지 아니하였으므로 그 판결을 친고죄에 대한 제1심판결로 볼 수는 없고, 따라서 친고죄에 대한 제1심판결은 없었다고 할 것이므로 그 사건의 항소심에서도 고소를 취소할 수 있는 것으로 보아야 한다.

3) 학설의 입장

학설은 위의 대법원판결의 다수의견과 같이 고소취소를 부인하는 것이 다수설이나 다음과 같은 다양한 견해가 주장되고 있다.

(1) 고소취소를 부인하는 견해

① 공소장변경을 불허하는 견해

이 견해는 항소심에서 공소장이 변경되거나 축소사실의 직권인정으로 비로소 반의사불벌죄(또는 친고죄)로 심판하는 경우에 항소심을 사실상의 1심으로 해석하는 것은 형사소송법 제232조 제1항의 "문언에 명백하게 반하는 해석"[50]이라고 보아 문리해석에 충실하고자 하는 대법원의 견해에 동조하고 있다.

다만 피해자의 고소취소나 처벌불원의 의사표시를 원용하여 항변하지 못하고 축소사실로 유죄판결을 받게 되는 것은 부당하다고 하면서 피고인의 방어권의 보장은 항소심에서 공소장변경을 불허함으로써 해결해야 한다[51]고 한다. 항소심이 기본적으로 속심으로서의 성격을 지니고 있다고 하여 공소장변경이 항상 허용된다고 볼 수는 없으며 항소심에서의 공소장변경은 피고인의 방어권행사에 지장을 초래하는 경우에는 허용되지 않는다는 해석[52]론을 펼친다.

---

49) 대법원의 다수의견이 1심과 항소심을 원칙대로 형식적인 해석을 하고 있음에 대하여, 반대의견은 항소심이 실질적으로 친고죄에 대한 1심판결이라고 하여 실질적인 해석을 하고 있다.

50) 오영근, "항소심에서의 반의사불벌죄로 공소장이 변경된 경우 처벌을 희망하지 않는다는 의사표시의 효력", 손해목박사화갑기념논문집, 869면.

51) 오영근, 위의 글, 869면.

52) 오영근, 위의 글, 872면.

즉, 1심에서 상해죄로 공소제기 되었으나 무죄판결이 났으며, 검사가 항소하면서 공소장을 변경하여 폭행죄를 예비적으로 기재하였는데, 피해자가 항소심에서 비로소 처벌불원의 의사표시를 한 사건[53]에서 피고인의 보호를 피해자의 처벌불원 의사에서 찾지 않고, 공소장변경을 불허함으로써 상해무죄 판결을 해야 한다는 것이다.

② 양형사유가 된다는 견해

이 견해[54]는 피고인에게 공소기각판결을 받을 소송상 이익을 방어권으로 보장하려는 것이 아니라 피해자의 명예를 보호하고자 하는 데에 있고 이러한 소송상의 이익은 피해자보호를 취한 친고죄에 불가피하게 뒤따르는 부수적인 반사효과에 불과하다고 한다. 제1심에서 피해자와 합의하여 고소취소의 합의서를 받았으나 항소심에서 비로소 친고죄로 공소사실이 변경되어서야 합의서를 제출한 경우나 심판대상이 비친고죄임에도 고소취소의 합의서를 제1심에서 이미 제출한 경우가 아닌 한 항소심에서의 고소취소는 효력이 없고 단지 피고인에게 유리한 양형사유가 될 뿐이라고 한다.

(2) 고소취소를 인정하는 견해

이 견해는 공소기각판결을 해야 한다는 견해로서 소송법규정의 경우 해석의 한계는 실체법규정의 경우만큼 엄격해야 할 필요는 없다[55]는 점에서 형사소송법 제232조 제1항의 제1심에 대한 해석을 친고죄가 현실적으로 심판의 대상이 된 제1심으로 해석하여 항소심에서 고소취소의 효력을 인정한다. 이 견해는 다음과 같은 피해자의 이익과 피고인의 이익 두 가지를 논거로 들고 있다.

첫째, 친고죄와 반의사불벌죄는 범죄자와 피해자 사이의 갈등을 우선적으로 당사자 사이의 자율적인 화해나 합의에 맡기고 그것이 성공적인 경우 국가의 형벌권행사를 자제한다는 이념을 바탕으로 하고 있다. 이는 형사소송법의 해석에 있어서도 친고죄나 반의사불벌죄가 문제가 되는 한 그와 같은 피해자의 의사 내지 갈등해결 주체로서의 권한이 존중되는 해석이 필요하다는 것을 시사해 준다. 피해자가 고소를 취소하거나 처벌불원의 의사표시를 함으로써 가해자에 대한 형사처벌을 회피할 수 있는 권한이 검사의 악의적인 공소제기나 경솔한 판단에 의하여 침

---

53) 대법원 1988.3.8. 선고 85도2518 판결.
54) 손동권, "항소심에서의 공소사실변경으로 인한 특수문제", 형사판례연구(9), 478면.
55) 이호중, "축소사실에 대한 공소장변경 없는 유죄인정", 형사판례연구(8), 426면.

해되는 결과가 되어서는 부당하다.[56]

둘째, 피고인의 입장에서 보더라도 항소심에서 공소장이 변경되어 친고죄로 심판하는 경우 고소 취소가 불허된다면 그때 가서 피해자의 고소취소를 얻어내는 것은 아무런 의미를 가질 수 없게 되고 이것은 방어의 이익에 심각한 타격을 초래한다. 검사의 부주의한 공소제기 혹은 공소사실에 대하여 검사와 법원의 관점이 서로 다르게 되는 사태가 궁극적으로 피고인의 불이익으로 돌아가게 되는 상황이다.[57]

4) 소결

피해자의 의사를 존중하려는 친고죄의 취지와 피고인에게 불이익이 돌아가지 않는다는 점에서 항소심에서의 고소취소 문제는 대법원 소수의견과 같이 이를 인정하는 것이 타당하다고 본다.

첫째, 고소취소를 인정하는 것은 피해자의 의사에 의해 국가형벌권을 제한하는 비범죄화의 이념에 부합하고 화해를 촉진한다는 친고죄 규정의 취지에 부합한다.

둘째, 고소취소의 기간을 제1심판결선고 전까지로 제한하는 것은 피해자의 의사로부터 장기간 형벌권의 행사가 제한되는 것을 방지하는 의미와 함께 이러한 상황에서 불안정한 피고인의 방어권 행사에 기여하기 위함이다. 그런데 고소취소를 부정하는 견해는 오히려 항소심에서 피고인의 방어권 행사에 불이익을 주게 되는 결과가 된다.

셋째, 다만 "제1심판결선고 전까지"라는 문언의 해석범위와 관련하여서는 위와 같은 이유와 함께 피고인의 이익을 위한 확장해석은 인정되고, 제1심에서의 비친고죄를 항소심에서 친고죄로 인정하는 경우 제1심판결은 어차피 유지될 수 없는 것이기 때문에 국가의 형벌권이 고소인의 의사에 따라 좌우되는 것은 아니라고 볼 수 있기 때문에 "제1심"의 의미를 "친고죄가 현실적으로 심판의 대상이 된 제1심"[58]으로 새기는 것이 옳다고 본다.

---

56) 이호중, 위의 글, 424면.
57) 이호중, 위의 글, 425면.
58) 이호중, 위의 글, 425면.

04

고소불가분의 원칙

1. 의의

고소불가분의 원칙이란 고소의 효력이 일정한 범위에서 불가분이라는 원칙을 말하며, 이는 국가형벌권이 행사가 피해자의 의사에 지나치게 좌우되어 형사사법의 공정하고 균형 있는 행사의 저해를 막기 위한 것이다.

원래 소송행위는 당해 형사사건의 단일성을 단위로 하여 효력범위가 결정되며, 사건단위의 결정은 주관적으로는 피의자·피고인의 수를 기준으로 하고 객관적으로는 죄수론상의 과형상 일죄를 기준으로 하여 이루어진다. 이때 1인의 피의자·피고인과 1개의 과형상 일죄를 기준으로 하여 결정되는 사건이 단위를 사건의 단일성이라고 한다.[59]

다만 우리 형사소송법은 친고죄에 있어서는 고소의 효력이 미치는 범위에 관하여 수정을 가하고 있는데 제233조에서 친고죄의 공범 중 그 1인 또는 수인에 대한 고소 또는 그 취소는 다른 공범자에 대하여도 효력이 있다고 규정하고 있다.

친고죄의 고소는 공소제기요건으로서 국가형벌권을 제한하므로 이러한 수정을 가한 것이고, 따라서 일반적인 범죄에 대한 고소에는 적용되지 않는다.

2. 고소의 객관적 불가분의 원칙의 인정 여부

고소의 객관적 불가분의 원칙이란 친고죄에 해당하는 한 개의 범죄사실의 일

---

59) 신동운, 143면.

부분에 대한 고소 또는 그 취소는 범죄사실 전부에 대하여 효력이 있다는 것을 말한다.

이에 대해서는 고소에 있어서 범죄사실의 신고가 반드시 정확할 수 없고, 처벌의 범위까지 고소권자의 의사에 의해 좌우되어서는 안 되며,[60] 형사절차에서 하나의 범죄사실을 전제로 취급하는 것이 원칙이라[61]는 점을 근거로 인정하는 것이 통설의 입장이다.

이에 대해 고소의 가분성 여부는 논리적 필연성이 있는 문제가 아니며, 오히려 고소의 가분성 인정 여부는 각 나라의 형사정책의 문제라는 견해[62]가 있다. 이 견해에 따르면, 친고죄가 이미 피해자 개인의 의사에 친고죄 전부에 대한 처벌 여부를 맡기고자 하는 제도이며 친고죄로 된 범죄에 대한 효율적인 범죄투쟁을 위해서는 객관적 불가분의 원칙은 피해자의 명백한 가분의 의사표시가 있는 경우에는 적용해서는 안 되고 그렇지 않은 경우에 한하여 적용하는 것이 타당하다고 한다.

3. 고소의 주관적 불가분의 원칙의 문제점

고소의 주관적 불가분의 원칙이란 친고죄의 공범 중 1인 또는 수인에 대한 고소와 그 취소는 다른 공범자에 대하여도 효력이 있다(형사소송법 제233조)는 원칙을 말한다. 여기에서 공범은 형법총칙상의 임의적 공범뿐만 아니라 필요적 공범을 포함한다.[63] 주관적 불가분의 원칙은 친고죄의 고소가 원래 범죄사실에 대한 형사소추권의 발동을 촉구하는 취지를 가지고 있어 범죄사실의 획일적 규명이 필요하다는 점[64]과 고소인의 자의에 의해서 공범자의 처벌에 있어 불공평한 결과가 생기는 것을 방지하기 위한 것[65]이다.

고소의 주관적 불가분의 원칙이 타당한지는 입법론상으로 의문이 있다.

친고죄란 비범죄화에 대한 피해자의 의사를 존중하고, 고소취소를 통해 화해

---

60) 이재상, 193면.

61) 신양균, 99면.

62) 손동권, "고소불가분의 원칙과 강간범에 대한 공소권의 행사", 형사판례연구(1), 375면.

63) 대법원 1985.11.12. 선고 85도1940 판결.

64) 신동운, 145면.

65) 이재상, 194면.

와 원상회복에 도움을 주려는 것이다. 공범자 중 1인에 대한 고소취소가 불가능하다면 1인과의 화해가능성도 없게 되는 것이다. 1인과의 화해 여지라도 남겨두는 것이 피해자와 피고인 모두에게 긍정적으로 기여하는 것일 것이다.

주관적 불가분의 원칙을 인정하는 것은 사건의 단일성을 근거로 여러 피고인이 같은 범죄 사실의 각 기여부분에 대해 형벌을 받는 것이 공평하다는 생각을 전제로 하고 있다고 보인다. 그러나 이러한 형벌의 불공평은 친고죄제도를 인정한 취지에서 이미 발생하는 것이고 이를 용인함으로 규정된 것이다.

또한 피고인의 반성 여부는 양형의 사유로 작용하는 것이다. 동일한 사건의 여러 피고인 중에서 어떤 피고인은 범죄사실에 대해 반성하고 피해자에게 사과하며 용서를 구하였고, 다른 피고인은 그렇지 않았다면 양형에서 차이가 있을 수 있다. 모든 범죄의 양형에 있어 피해자의 의사가 영향을 주는 것이 법적으로 가능하지 않더라도 친고죄로 규정된 범죄에 대해서는 이러한 취지를 반영하는 것이 법감정에도 반하지 않을 것이다.

4. 고소불가분 원칙의 반의사불벌죄에 적용 여부

형사소송법이 반의사불벌죄에 대하여 친고죄의 고소취소 시한과 재고소 금지에 관한 제232조 제1항 및 제2항을 준용하도록 규정(형사소송법 제232조 제3항)하고 있으나, 고소의 주관적 불가분을 규정한 제233조를 준용하는 규정을 두고 있지 않으므로 반의사불벌죄에 고소불가분의 원칙을 적용할 수 있는지가 문제 된다.

1) 준용부정설

준용부정설은 반의사불벌죄의 특성상과 명문규정이 없는 준용을 부정하는 입장66)이다.

첫째, 법익의 침해가 친고죄보다 더 중하여 처벌의 필요성이 있는 범죄의 경우에 만일 이를 친고죄로 규정한다면 피해자가 심리적 압박감이나 후환의 두려움 때문에 고소를 주저할 수 있으며 그 결과로 법이 제 기능을 다하기 어려운 상황이

---

66) 신현주, 218면; 이재상, 204면; 임동규, 142면; 정웅석·백승민, 463면; 진계호, 218면; 차용석·최용성, 183면.

초래될 수 있다. 이러한 상황에 대비하여 마련된 범죄유형이 반의사불벌죄이다.

둘째, 반의사불벌죄는 피해자에 대한 배상이나 당사자 사이의 개인적 차원에서 이루어지는 분쟁해결을 존중하고 촉진하려는 의도에서 설정된 범죄유형이다. 이와 같은 특징에 비추어 볼 때 반의사불벌죄의 경우에는 친고죄와 달리 처벌을 희망하지 아니하는 의사표시를 범죄사실 자체에 대하여 할 수도 있고 범죄인을 특정하여 그에 대하여만 하게 할 수도 있도록 할 필요가 있다. 따라서 반의사불벌죄에 대하여 고소불가분의 원칙을 준용하지 아니한 형사소송법 제232조 제3항은 반의사불벌죄의 본질에 부합하는 타당한 입법이다.

2) 준용긍정설

준용긍정설은 반의사불벌죄와 친고죄의 유사점에 주목하여 고소불가분의 원칙을 반의사불벌죄의 경우에도 준용하는 견해[67]이다.

첫째, 반의사불벌죄에 있어서 처벌을 희망하지 아니하는 의사표시는 그 내용에 있어서 친고죄의 고소취소와 같으며 이 때문에 처벌희망표시의 철회에 친고죄의 고소취소에 관한 규정이 준용되고 있다.

둘째, 친고죄의 고소취소와 반의사불벌죄의 처벌희망의사표시의 철회에 대하여 모두 공소기각의 판결이라는 동일한 법적 효과가 부여된다.

셋째, 친고죄와 달리 반의사불벌죄의 경우에 유독 고소권자가 지정한 범인만을 불처벌하도록 한다면 고소인의 자의에 의하여 국가형벌권의 행사가 좌우되는 불공평한 결과가 발생할 수 있다.

넷째, 고소불가분의 원칙을 배제하는 것은 반의사불벌죄의 경우에 민사사건의 형사화를 부추기는 폐단을 낳을 수 있다.

3) 판례의 입장

이에 대해서는 대법원과 원심법원의 입장이 다른데, 이러한 입장은 각기 친고죄와 반의사불벌죄의 차이점을 강조하느냐 공통점을 강조하느냐에서 차이가 있다.

대법원은 준용을 부정하는 입장에서 판시[68]한 바 있다.

---

67) 신동운, 150면; 신양균, 103면.
68) 대법원 1994.4.26. 선고 93도1689 판결.

　　대법원은 먼저 "제233조에서 고소와 고소취소의 불가분에 관한 규정을 함에 있어서는 반의사불벌죄에 이를 준용하는 규정을 두지 아니한 것은 처벌을 희망하지 아니하는 의사표시나 처벌을 희망하는 의사표시의 철회에 관하여 친고죄와는 달리 공범자 간에 불가분의 원칙을 적용하지 아니하고자 함에 있다고 볼 것이지 입법의 불비로 볼 것은 아니다."라고 판시하여, 반의사불벌죄에 준용규정이 없는 것은 입법의 불비가 아니라 준용을 하지 않겠다는 입법자의 의사라고 본다.

　　그리고 친고죄의 입법취지는 피해자의 불이익 방지와 경미한 법익침해의 두 가지로 보면서 반의사불벌죄는 경미한 법익침해의 경우에 비교적 덜 경미한 법익침해에 대한 범죄유형으로 구별하여, "피해자의 의사를 조건으로 하는 이유나 방법에 있어서는 같다고 할 수 없고, 반의사불벌죄는 피해자에 대한 배상이나 당사자 사이의 개인적 차원에서 이루어지는 분쟁해결을 촉진하고 존중하려는 취지도 포함되어 있다고 볼 수 있어서, 이점에서 친고죄와는 다른 의미가 있다고 할 것이다. 친고죄는 위에서 본 첫째의 이유에서 인정하는 유형이 주로 있는 것이므로, 그 고소는 피해자가 범죄사실이 알려지는 것을 감수하고 수사기관에 대하여 범죄사실을 신고하여 그 범인의 처벌을 희망하면 되는 것이고, 고소의 대상인 범죄사실이 특정되기만 하면 원칙적으로 범인을 특정하거나 범인이 누구인가를 적시할 필요는 없는 것이며, 친고죄에 고소나 고소취소 불가분의 원칙이 적용되어야 함은 친고죄의 이러한 특질에서 연유된다고 볼 수 있을 것이다. 그러나 반의사불벌죄에는 위의 첫째의 이유는 없는 것이므로 그 처벌을 희망하지 아니하는 의사표시는 반드시 위와 같은 불가분의 원칙에 따라야 한다고 할 수는 없고 …… 반의사불벌죄에 이를 준용하는 규정을 두지 아니한 것은 처벌을 희망하지 아니하는 의사표시나 처벌을 희망하는 의사표시의 철회에 관하여는 친고죄와 달리 그 공범자 간에 불가분의 원칙을 적용하지 아니하고자 함에 있다고 볼 것"이라고 하여 친고죄의 입법취지는 주로 피해자의 불이익 방지이지만, 반의사불벌죄의 입법취지는 경미한 법익침해라는 단일한 입법취지를 가지므로 차이가 있고, 친고죄의 고소취소와 반의사불벌죄의 불처벌의사표시가 다름을 근거로 준용을 부정하고 있다.

　　이에 반해 원심법원은 "형법이 규정한 친고죄와 반의사불벌죄는 다 같이 피해자의 의사표시로서 소송법상의 일정한 법적 효과를 지향하고 있는 점에서 그 공통점이 있고, 비록 고소는 수사 또는 소송을 개시, 진행시키고자 하는 적극적 효과의사를 가진 행위인데 반하여, 명시한 의사는 일단 개시되고 성립한 수사 또는 소송의 진행 발전을 저지하려고 하는 소극적 효과의사를 가진 행위로서 그 지향하는 법적 효과가 다소 상반된 것이기는 하나, 반의사불벌죄에 있어서의 처벌을 희망하지 아니하는 의사표시의 철회를 의미하는 명시한 의사가 지향하는 법적 효과는 친고죄의 고소취소와 같으면, 법률의 규정을 보더라도 같은 법 제232조 제3항이 처벌을 희망하는 의사표시의 철회에 관하여는 고소취소에 관한 규정을 준용하도록 규정함으로써 처벌을 희망하는 의사표시의 철회와 고소취소의 소송법적 성질이 동일한 것으로 규정하고 있고, 아울러 같은 법 제327조는 반의사불벌죄에 있어서의 명시한 의사와 친고죄에 있어서의 고소의 부존재 또는 고소취소를 소송법적 효과 면에서도 공통적으로 규정하고 있어, 친고죄의 고소와 반의사불벌죄의 명시한 의사는 모두 실체적 심판의 조건이 되는 소송조건으로서, 단지 전자는 고소의 존재가 소송조건이 되나 후자는 처벌을 희망하지 아니하는 의사표시의 부존재가 소송조건으로 되는 것으로 구별되는 이외에는 그 법적 성질 및 소송법적 효과에서도 공통점이 있다."고 하여, 친고죄와 반의사불벌죄의 공통점을 근거로 준용을 긍정하였다.

4) 소결

먼저 현행법상의 해석론으로 본다면 준용부정설은 타당하지 않다. 고소의 주관적 불가분의 원칙이 인정되는 이상 더 이상 반의사불벌죄에 이 원칙이 적용되지 않는다고 한다면, 친고죄보다 법익침해가 더 큰 범죄유형으로 규정된 반의사불벌죄에 고소의 가분을 인정하여 피해자의 의사에 의해 국가형벌권이 더 좌우되는 것은 논리적으로 모순된다. '범죄 < 반의사불벌죄 < 친고죄 < 비범죄'의 논리상 친고죄에 고소의 가분이 불가능하다면 반의사불벌죄의 가분도 불가능해야한다. 고소의 가분이 국가형벌권과의 관계에서 피해자의 의사에 더 큰 권한을 주는 것이기 때문이다.

또한 대법원은 친고죄의 입법취지가 주로 피해자의 불이익을 방지하기 위한 것이 주로 규정되어 있는 반면, 반의사불벌죄의 그것은 경미한 범죄에 대한 것이 규정되어 있으므로 반의사불벌죄는 피해자에 대한 배상이나 당사자 사이의 개인적 차원에서 이루어지는 분쟁해결을 촉진하고 존중하려는 취지라고 한다.

다음으로 입법론상으로 검토하여 본다. 후술하겠거니와 중대한 법익침해에 대한 배상과 화해를 불허해야 한다는 대법원의 취지는 찬성한다. 따라서 강간죄와 같은 피해자의 불이익을 위한 친고죄규정은 폐지되어야 한다고 보고, 2013년 6월 19일 성폭력범죄에 대한 친고죄 규정이 모두 삭제되었다.

또한 위에서와 같이 입법론으로 주관적 불가분의 원칙은 타당하지 않다고 본다. 따라서 친고죄에 대해서 고소의 가분이 가능해야 한다. 친고죄에 대한 고소의 가분이 가능하다면 비교적 불법성이 큰 반의사불벌죄에 대해서는 불가분의 여지가 있지만 경미한 범죄에 대한 형벌권의 제한이라는 이러한 범죄유형의 취지를 살려 피고인 개개인과 피해자에 대한 화해와 배상의 가능성을 열어 놓아 반의사불벌죄도 가분할 수 있도록 규정하는 것이 좋을 것이다.

CHAPTER

4

피해자의 고소권에 대한 국가기관의 의무

·C·O·N·T·E·N·T·S

01

피해자의 고소와 수사와의 관계

1. 피해자의 고소에 대한 수사의무 인정 여부

1) 고소에 대한 검사의 수사의무 인정 여부

우리 형사소송법은 수사의 단서로써 고소를 규정하고 있으며, 법 제195조에서는 "검사는 범죄의 혐의가 있다고 사료하는 때에는 범인, 범죄사실과 증거를 수사하여야 한다."고 하여 검사의 일반적인 수사의무[1]를 규정하고 있다. 또한 법 제257조는 "검사가 고소 또는 고발에 의하여 범죄를 수사할 때에는 고소 또는 고발을 수리한 날로부터 3월 이내에 수사를 완료하여 공소제기 여부를 결정하여야 한다."고 하여 고소 등 사건의 처리[2]에 대해 규정하고 있다.

위에 알아본 조문에 따라 고소에 따라 사법경찰관이 조사의무와 송치의무 검사의 수사완료의무와 공소 여부결정의무, 처분의 통지 등은 명문에 의해 인정되는 것이지만, 검사의 수사의무에 대해서는 직접적으로 규정하고 있지 않으므로 해석의 여지가 있다.

(1) 형사소송법 제195조의 수사의무

형사소송법 제195조와 관련해서는 수사의 단서로써 고소가 있는 경우는 범죄

---

[1] 동 조문은 범죄의 혐의가 있을 때에 검사의 수사의무를 규정하고 있으므로, 이를 직접적으로 고소에 대한 검사의 수사의무로 볼 수는 없다.

[2] 동 조문은 "고소 또는 고발에 의하여 범죄를 수사할 때에는" 그리고 "수사를 완료하여 공소제기 여부를 결정하여야 한다"고 규정되어 있으므로 수사완료와 공소제기 여부결정에 대한 의무 조항이고, 수사에 대한 의무를 규정한 조문인지는 명확하지 않다.

의 혐의가 있는 경우로 해석하여 수사의무를 인정해야 할 것인가가 문제 된다.

이 경우는 "범죄의 혐의가 있다고 사료하는 때"라는 규정을 적극 해석하여 검사에게 수사의 재량권을 부여하는 조항으로 새길 여지도 있다.

왜냐하면 첫째, 검사의 조직이나 인력에 비추어 볼 때 모든 범죄에 대한 고소에 있어서 검사의 수사를 의무화하는 것은 현실적으로 불가능하다고 볼 수도 있다. 둘째, 형사소송법 제238조는 고소의 효력으로서 사법경찰관의 조사의무를 규정하고 있다. 이 규정으로 고소에 대한 사법경찰관의 의무가 인정되므로 검사의 의무까지 확대하지 않아도 고소인의 권리가 침해된다고 보기는 힘들며, 또한 이 규정은 수사의무가 아닌 조사의무로 규정하여 사법경찰관에게도 명시적인 수사의무를 규정해 놓지 않고 있기 때문이다.

그러나 고소에 대해서는 검사의 수사의무를 인정해야 한다고 본다.

왜냐하면 첫째, 피해자의 고소는 변사자의 검시, 고발과 함께 수사의 단서로써 규정된 것이며, 법 제195조는 "수사하여야 한다."고 규정되어 있으므로 이 조항은 수사의 단서가 있으면 수사의 의무[3]가 있는 것으로 해석하여야 한다. 즉, 수사의 단서가 있는 때에는 범죄의 혐의가 있는 때로 해석하여야 할 것이다.

둘째, 혹은 피해자의 고소권 측면에서 본다면 검사는 "범죄의 혐의"가 있는지 여부에 대해서는 수사를 하는 것이 고소권에 대한 국가의 의무라는 측면에서 타당하다.

셋째, 검사의 조직이나 숫자에 비추어 검사의 수사의무를 인정하는 것이 현실적으로 불가능할 수 있으나, 검사는 형사소송법상 경찰에 대해 수사지휘권을 가지므로 조직이나 인력상의 이유[4]로 수사의무를 부인하는 것은 타당하지 못하다.

넷째, 사법경찰관의 조사의무가 규정되어 있으므로 검사의 수사의무를 부인하는 것 또한 타당하지 못하다. 왜냐하면 사법경찰관의 조사의무는 사법경찰관에게 고소한 경우의 효과인 것이며, 검사의 수사의무는 검사에게 고소한 경우에 대한 문제이기 때문이다.

---

3) 다만 어느 범위와 어느 정도까지 수사를 하여야 하는지에 대해서는 재량권이 있을 것이다. 그러나 수사의 단서가 있는 경우에 어떤 종류의 수사가 있어야 하는 것이다. 즉 수사의 부작위는 인정될 수 없다고 할 것이다.

4) 실제 우리나라의 현실상 검사의 수사지휘권으로 인해, 검사의 수사는 검사 단독으로 행해지는 경우뿐 아니라 경찰력을 활용하여서도 행해지고 있다.

따라서 고소에 대해서는 사법경찰관의 조사의무뿐 아니라 검사의 수사의무도 인정하여야 한다고 본다.

(2) 형사소송법 제257조의 고소 사건의 처리의무

본 조문은 "검사가 고소 또는 고발에 의하여 범죄를 수사할 때에는"이라고 규정하고 있으므로 직접적으로 검사의 수사의무를 도출할 수는 없고, 고소에 대한 3월 이내 수사완료의무와 공소재개 여부결정의무를 규정하여 고소인과 고발인의 이익을 위한 조문으로 보아야 할 것이다.

다만 위의 해석론과 같이 동법 제195조의 해석론에 의해 고소에 의한 검사의 수사의무가 인정될 수 있으므로, "검사가 고소 또는 고발에 의하여 범죄를 수사할 때에는"이라는 문구는 "(검사는 고소 또는 고발이 있는 경우는 범죄를 수사하여야 하며) 고소 또는 고발에 의하여 범죄를 수사할 때에는"이라고 해석하여야 할 것이다.

2) 친고죄의 고소에 대한 검사의 수사의무 인정 여부

위와 같은 해석에 의해 고소에 대한 검사의 수사의무는 인정될 수 있고, 친고죄의 개념상 고소가 본질적으로 내재된 것이므로 당연히 친고죄의 고소에 대해서도 검사의 수사의무는 인정될 수 있다. 더구나 검사의 조직이나 인력으로 인해 수사의무가 인정될 수 없다는 논거는 친고죄의 고소에 있어서는 더욱 적용될 여지가 없다. 또한 일반적인 고소에 비해 친고죄의 고소는 친고죄의 범위가 극히 제한적으로 규정되어 있으므로 검사의 수사의무를 인정하는 것이 훨씬 용이하며, 타당하다.

다만, 여기에서 유의할 점은 친고죄의 고소에 의해 검사의 수사의무가 인정된다고 하더라도 이는 친고죄의 효력은 아니라는 것이다. 친고죄는 피해자의 의사에 따라 범죄와 비범죄를 결정할 수 있는 효력을 주는 것이므로, 친고죄에 대해서 고소를 했다는 것에서 "친고죄"가 가지는 의미는 피해사실을 범죄화[5]하겠다는 것이다. 친고죄가 가지는 취지로 인해 범죄화되는 것이고, 이렇게 일반적인 범죄와 같은 취급을 받는 상황하에서 "고소"의 효력으로 인해 검사의 수사의무가 인정되는 것이다. 즉, 친고죄의 고소에 대한 검사의 수사의무는 친고죄의 효력이 아니라 친

---

5) 즉, 친고죄로 규정되지 않았다면 이는 일반 범죄인 것이고, 친고죄로 규정된 범죄에 대해 고소가 있다는 것은 일반 범죄와 같이 취급하겠다는 것이다.

고죄에 대한 "고소"의 효력으로 봐야 한다.

2. 친고죄에 있어서 고소 전 수사의 허용 여부[6]

1) 문제의 소재

원칙적으로 국가형벌권은 국가에 독점된 것이며, 이는 기소권한뿐만 아니라 수사권한에도 적용된다. 따라서 국가는 피해자의 의사에 관계없이 수사를 할 수 있는 권한이 있다. 친고죄에 있어서의 고소는 형사절차적으로 소추조건인 것이므로, 수사의 조건은 아니다. 즉 친고죄의 규정 자체만을 본다면 국가의 수사권에 영향을 미치지 않는다.

그러나 친고죄는 피해자의 의사표시가 국가의 형벌권 행사에 직접 영향을 미친다. 기소뿐 아니라 수사도 국가공권력의 행사이므로, 피해자의 의사를 존중하여 형벌권을 제한하려는 취지의 친고죄에 있어서 고소가 없는 경우에 수사를 인정할 것인가는 친고죄의 입법취지를 어느 범위까지 인정하여 국가형벌권을 제한할 것인가의 문제이다.

또한 수사의 개념을 기소를 목적으로 하는 활동이라고 한다면 고소가 제기되지 않은 상태는 공소제기의 조건이 결여된 상태이므로 이때의 수사가 적법한 것인가가 문제 된다.

이는 수사의 필요성, 형벌권 발동의 필요성과 친고죄의 입법취지 가운데서 어디에 비중을 둘 것인가 하는 가치판단의 문제라고 할 수 있다.[7]

다만 이러한 논의는 애초부터 피해자가 고소의 의사표시를 명백히 한 경우와 공소권이 발생하지 아니한 경우나 공소권이 소멸한 경우처럼 장래에도 소송조건이 구비될 가능성이 없는 경우는 제외된다.[8] 현재는 친고죄의 고소가 없으나 장차

---

6) 이러한 논의는 소추조건으로서의 친고죄에 있어서 문제가 되는 것이지 일반적인 범죄에 대한 고소 전 수사의 허용 여부에 대한 논의는 아니다. 일반적인 범죄에 대한 수사는 고소가 없더라도 당연히 허용된다.

7) 이용식, "친고죄에 있어 고소 전 수사의 허용 여부", 지송 이재상교수 화갑기념논문집 형사판례의 연구 II, 박영사, 2003, 30면.

8) 강동범, "친고죄에 있어 고소전 수사의 허용 여부", 판례월보 제307호, 1996, 42면; 강동범, "친고죄에 있어 고소전 수사의 허용 여부", 형사판례연구 제4호, 1999, 박영사, 389면; 이용식, 위의 글, 31면.

고소하여 소송조건이 구비될 가능성이 있는 경우에 수사가능성에 관한 것이다.

따라서 이하에서는 먼저 수사의 개념과 범위와 함께 친고죄에 있어서 고소와 수사와의 관계에 대해 살펴보고, 고소 전 수사의 허용 여부에 대해 알아보기로 한다.

2) 수사의 개념과 범위

수사란 공소를 제기하고 유지하기 위한 준비로서 범죄의 혐의 유무를 명백히 하여 공소의 제기와 유지 여부를 결정하기 위하여 범인을 발견·확보하고 증거를 수집·보전하는 수사기관이 활동[9] 또는 범죄의 혐의가 있다고 사료되는 때에 그 혐의의 진위를 확인하고 범죄가 발생하였다고 인정되는 경우 범인을 발견·확보하며, 증거를 수집·보전하는 수사기관의 활동을 가리킨다.[10]

이러한 수사의 개념과 범위와 관련하여서는 형사절차를 수사기관이 담당하는 수사절차와 법원이 담당하는 공판절차로 구분할 경우, 공소가 제기된 이후에 수사기관의 증거수집·보전이 가능한가가 문제 된다.

이를 긍정하는 견해는 수사를 공소를 제기 또는 유지하기 위한 준비절차라고 정의하며, 이를 부정하는 견해는 수사를 기소 또는 불기소결정 등 공소제기 여부를 결정하기 위한 절차라고 정의한다. 절충설[11]은 현행 형사소송법 제255조가 공판절차에 들어간 이후에도 제1심판결선고 전까지 공소취소를 인정하고 있으므로 공소취소 여부를 결정하기 위한 수사기관의 활동도 수사의 개념에 포함하여 수사의 개념을 넓게 파악한다.

다만 이러한 경우에도 공소제기 후의 수사를 무제한 허용하게 되면 수소법원의 심판권이 형해화할 우려가 있고, 검사와 대등한 위치에서 소송주체로써 방어권을 행사하는 피고인이 수사의 객체로 전락할 염려가 있으므로 공소제기 후의 수사는 임의수사에 한정하여 극히 예외적으로 허용되어야 한다[12]고 한다.

우선 공소제기 후라 할지라도 피고인에게 유리한 새로운 증거의 발견을 위한 수사는 부인할 이유가 없으며, 공소제기 이후에 공소장에 기재된 범죄사실에 속하는 다른 부분사실이 발견된 경우가 있을 수 있고, 공소제기 후 공범자가 검거된 경

---

9) 이재상, 169면; 신양균, 39면.

10) 신동운, 35면.

11) 신현주, 195면; 이재상, 167면; 정영석·이형국, 139면; 송광섭, 329면; 임동규, 121면.

12) 신동운, 444면.

우에는 수사의 필요성을 부인할 수 없을 것이다.13) 따라서 수사의 개념과 범위는 시간적으로 공소제기 전으로 한정할 것이 아니라 공소 후에도 그 유지 및 유지 여부를 결정하기 위한 활동까지 허용하여야 할 것이다.14) 즉, 수사는 공소제기 전후의 시간적 개념이 아니라 공소제기와 유지라는 형사소추와의 밀접한 관련성에서 그 개념과 범위를 정하는 것이 타당하다.

　이와 관련하여 수사에 있어 친고죄의 입법취지와 관련하여 특별히 개념정의를 해야 할 것은 수사활동이 국가형벌권의 발동을 목적으로 한 절차인가, 국가형벌권이 발동인가의 문제이다. 시민에 대한 형벌권의 발동은 공소제기를 통해 피고인의 신분이 되면서 공판절차가 진행되면서 시작된다. 수사의 개념을 형사소추와의 밀접한 관련성에서 특징을 찾는다면 수사의 권한 또는 시민에 대한 국가형벌권 행사의 하나로 볼 수 있을 것이다. 왜냐하면 우리 형사소송법은 제199조 제1항 단서에서 강제수사법정주의를 규정하는 등 수사절차에서의 기본권을 보장하기 위한 여러 규정을 두고 있는바, 수사는 강제수사든 임의수사든 피의자의 인권을 제한하는 성질을 가지고 있기 때문이다.

3) 학설의 태도

(1) 전면허용설

　이 견해는 친고죄에 대하여 고소 전이라 하더라도 임의수사는 물론 강제수사까지도 일반적으로 허용된다고 보는 견해이다. 즉, 이 견해는 원래 수사란 형사소추기관인 검사와 사법경찰관이 국가형벌권의 실현을 위하여 범인, 범죄사실과 증거를 조사하는 활동이므로 소추기관은 피해자의 처벌의사표시 여부에 좌우되지 않고 수사를 하여야 한다고 한다.

　일본 판례의 입장이기도 하다. 일본 최고재판소15)는 "관세범칙사건에 대한 세관장 또는 세무관리 등의 고발은 단지 그 범죄에 대한 소추조건에 불과함과 동시에 사법경찰원은 범죄가 있다고 사료하는 때에는 범인 및 증거를 수사하는 것이고 검사는 필요하다면 스스로 수사할 수 있고, 게다가 수사에 대해서는 그 목적을 달

---

13) 신동운, 443면.
14) 이용식, 위의 글, 32면.
15) 日最決, 昭 35. 12. 23. 刑集 14-14, 2213.

성하기 위하여 필요한 취조를 할 수 있고, 법률이 정하는 강제의 처분을 할 수 있는 것이므로, 그 위반죄에 대한 세관장 등의 고발 전에도 체포, 구류, 취조할 수 있는 것으로써 그 고발 전에 행해졌다고 해서 단지 그것만으로 이를 위법으로 하여야 하는 것은 아니다."라고 판시한 바 있다.

즉, 이 견해는 친고죄의 고소는 소송조건으로 공소제기의 전제조건일 뿐 범죄의 성립과 무관하며 수사의 조건도 아니라는 점과 우리 형사소송법 제195조에서 검사의 수사의무를 규정하고 있다는 점, 수사에 관하여는 그 목적을 달성하기 위하여 필요한 조사를 할 수 있으며 강제처분도 법률의 규정에 의해 가능하다는 점을 근거로 한다.

(2) 전면부정설

이 견해는 친고죄에 있어 고소가 없는 경우에는 강제수사는 물론 임의수사도 허용될 수 없다[16]는 것이다. 그 근거로 친고죄의 경우 고소가 없으면 공소권이 발생하지 않으므로 그 준비를 위한 수사기능도 발생하지 않는다는 점과 친고죄의 입법취지를 들고 있다. 친고죄는 사인의 이익을 보호하기 위하여 마련된 범죄유형이므로 그 입법취지를 존중하여 피해자의 명시적인 처벌희망의 의사표시가 없는 경우에 수사기관은 수사를 할 수 없다는 것이다. 현재 우리나라에서 이 견해를 취하고 있는 학자는 거의 없다.

(3) 예외적 허용설

이 견해는 국가형벌권 행사와 사인의 이해관계를 적절한 범위에서 조화하려는 취지에서 친고죄에 있어 고소가 없는 경우에도 제한된 범위에서 예외적으로 수사가능성을 인정한다.

그러나 그 범위에 대해서는 다시 견해의 대립이 있다.

첫째, 고소의 가능성이 남아있는 경우에는 임의수사는 물론 강제수사도 허용된다는 견해[17]가 있다. 이 견해도 친고죄의 고소기간이 경과되었거나 고소의 취소로 고소의 가능성이 남아있지 않은 경우에는 수사를 허용할 수 없다고 한다.

둘째, 고소의 의사표시 가능성 유무와는 무관하게 임의수사는 가능하지만 강

---

16) 강구진, 형사소송법원론, 학연사, 1982, 150면.
17) 백형구, 38면; 송광섭, 340면; 신양균, 69면; 진계호, 197면.

제수사는 허용되지 않는다는 견해[18]가 있다.

(4) 원칙적 허용설

이 견해는 친고죄의 경우에 고소가 없더라도 원칙적으로 수사를 허용하되, 예외적으로는 장차 고소의 가능성이 전혀 없는 경우에만 수사를 허용하지 않는다[19]고 한다. 이 견해는 국가 형법권의 실현이라는 형사절차의 목적에 무게를 두고 사인의 처벌희망 의사표시의 법적 효과는 제한적으로 해석해야 한다[20]고 한다.

다만 원칙적 허용설을 취하는 입장에서도 강제수사의 범위에 대해서는 견해의 대립이 있다. 원칙적으로는 임의수사와 강제수사가 허용되지만, 피해자의 명예보호를 위하여 친고죄로 한 범죄에 있어서는 강제수사를 신중히 할 필요가 있다는 견해,[21] 원칙적으로 임의수사만 허용하되 강간죄와 같은 폭력범죄의 경우에 한하여 강제수사가 허용된다는 견해[22] 등이 있다.

이 견해는 고소 가능성 여부에 따라 수사가능성을 판단한다는 점에서 예외적 허용설의 첫 번째 견해와 상통하는 면이 있으나, 고소 전 수사를 원칙으로 인정하고 예외적인 경우에 부인함으로써 원칙적으로 부정하는 위의 견해와 다르다.

4) 판례의 입장

판례[23]는 "친고죄나 세무공무원 등의 고발이 있어야 논할 수 있는 죄에 있어서 고소 또는 고발은 이른바 소추조건에 불과하고 당해 범죄의 성립조건이나 수사조건은 아니므로 위와 같은 범죄에 관하여 고소나 고발이 있기 전에 수사하였다고 하더라도 그 수사가 장차 고소나 고발이 있을 가능성이 없는 상태하에서 행해졌다는 등의 특단의 사전이 없는 한 고소나 고발이 있기 전에 수사하였다는 이유만으로 그 수사가 위법하다고 볼 수는 없다."고 판시하였다. 기본적으로 허용설의 입장을 취하면서 고소의 가능성이 없는 경우가 아니라면 위법한 수사가 아니라고 판시

---

18) 배종대 · 이상돈, 183면.
19) 신현주, 198면; 신동운, 116면; 이재상, 183면; 임동규, 124면; 정영석 · 이형국, 148면; 정웅석 · 백승민, 422면.
20) 신동운, 116면.
21) 이재상, 177면.
22) 배종대 · 이상돈, 179면.
23) 대법원 1995.2.24. 선고 94도252 판결.

하여 원칙적 허용설의 입장을 취하고 있다.[24]

또한 "조세범처벌법 제21조의 세무종사 공무원의 고발은 공소제기의 요건이고 수사개시의 요건은 아니므로 수사기관의 고발에 앞서 수사를 하고 피고인에 대한 구속영장을 발부받은 후 검찰의 요청에 따라 세무서장이 고발조치를 하였다고 하여도 공소제기 전에 고발이 있는 이상 조세범처벌법 위반사건 피고인에 대한 공소제기의 절차가 법률의 규정에 위반하여 무효라고 할 수 없다."고 판시[25]함으로써, 고소가 있기 전에 수사하였다고 하여 이것이 공소제기의 효력에 대하여 영향을 미치는 것도 아니라고 한다.

5) 소결

친고죄에 있어 고소 전 수사의 인정 여부는 친고죄의 취지로써 피해자의 의사를 중시할 것인가, 범죄에 대한 수사와 형벌의 필요성을 중시할 것인가의 문제이다.

이러한 면에서 전면적 허용설과 전면적 부정설은 한 가지 가치만 내세우고 있다. 또한 이 견해들은 소송조건을 수사 개시의 조건으로 보든 그렇지 않든 간에 소송조건은 공소제기 전까지 보정되어 질 수 있다는 가능성을 아예 무시함으로써 극단적인 결론에 이른다고 보인다.[26]

먼저 전면적 허용설은 친고죄의 고소가 소송조건일 뿐 수사의 조건은 아니라는 점에서 피해자의 의사를 존중하려는 친고죄의 입법취지를 전혀 고려치 않고 수사를 인정한다는 면에서 불합리할 뿐만 아니라 공소제기의 가능성이 없는 경우에까지 수사를 허용함으로써 공소제기의 준비절차라는 수사의 본질과도 모순된다.

그리고 전면적 부정설은 친고죄의 입법취지를 강조하고 있으나 친고죄에 있어서도 고소가 없는 상태나 증거의 확보나 범인의 확보를 위하여 긴급한 필요성이 있는 경우를 간과하고 있다.

원칙적 허용설[27]은 수사의 필요성 측면에서 친고죄의 고소 전이라도 원칙적으로 수사를 허용하며, 피해자의 의사 측면에서 고소의 가능성이 없는 경우에는

---

24) 다만, 예외적 허용설과 원칙적 허용설의 두가지 학설을 제한적 허용설로 구분한다면 동판결은 제한적 허용설을 취하고 있다고 볼 수 있다.

25) 대법원 1995.3.10. 선고 94도3373 판결.

26) 이용식, 위의 글, 40면.

27) 이를 제한적 허용설로 보는 견해도 있다. 이용식, 위의 글, 40면.

수사를 불허함으로써, 국가형벌권과 친고죄의 입법취지 사이에서 조화로운 해석을 하고 있으므로 일응타당한 면이 있다.

그러나 이 견해는 고소의 가능성과 공소제기의 가능성이 없는 경우라는 극히 제한적인 상황의 수사만을 부인함으로써 친고죄의 입법취지를 약화하는 해석을 하고 있다.

또한 원칙적 허용설에는 강제수사가 배제되는 취지가 포함되어야 할 것이다. 장차 고소가 있게 될지 여부가 불명확한 상태에서 피의자를 구속한다든지 압수수색을 하는 것은 친고죄의 입법취지에도 어긋난다. 또한 이는 형평성의 원칙과 인권보장의 이념에도 반한다고 볼 것이다.

원칙적 허용설과 이를 따른 판례의 태도에 대해서는 공소제기의 가능성 여부라는 소극적 판단기준을 통하여 접근함으로써 공소제기 전 수사절차상 받은 피의자의 불이익을 회복하기 힘들고, 친고죄의 고소가 가지는 형사절차적 기능이 수사절차 속에서 이미 사장된 것이라는 비판[28]이 있다. 또한 판례상 원칙적 허용설의 논거를 소극적으로 해석할 것이 아니고, 적극적으로 해석하는 것이 옳다고 한다.[29]

따라서 국가형벌권독점주의 하에서 그 예외를 친고죄를 통해 인정하고 있는 입법취지에 비추어, 원칙적으로 고소 전 수사는 허용되지 않는다고 보는 것이 타당하다.[30] 친고죄는 예외적인 경우에 한정되도록 규정되어 있으므로 친고죄로 규정된 범죄의 경우에는 고소가 없다면 수사의 필요성보다는 피해자의 의사를 우선해야 한다.

즉 친고죄는 그 입법취지가 피해자의 의사에 의한 비범죄화이므로, 범죄의 피해가 있는 상황에서 고소가 없다는 것은 일단 범죄화하려는 의사가 없는 것으로 추정되어야 한다. 따라서 원칙적으로 고소 전 수사는 허용될 수 없다.

다만, 예외적으로 허용설을 취한다고 하더라도 그 내용에 대해서는 살펴볼 필요가 있다. 예외적으로 수사가 허용되는 범위에 대해서는 여러 견해가 있을 수 있다. 첫째, 임의수사는 가능하지만 강제수사는 허용되지 않는다는 견해와 둘째, 고

---

28) 이용식, 위의 글, 41면.

29) 이용식, 위의 글, 41면에서는 "… 그 수사가 장차 고소나 고발이 있을 가능성이 없는 상태에서 행해졌다는 득단의 사정이 없는 한 …"이라는 소극적 해석을 "… 그 수사가 장차 고소나 고발의 가능성이 있는 상태 하에서 행하여졌다는 득단의 사정이 있는 경우에 한하여"라고 적극적으로 해석하여 예외적 허용으로 보는 것이 옳다고 주장한다.

30) 강동범, 위의 글, 44면; 이용식, 위의 글, 41면.

소의 가능성이 있는 경우에 예외적으로 수사가 허용된다는 견해,31) 셋째, 고소 가능성이 있더라도 당장 수사하지 않으면 중요한 증거를 보전할 수 없는 증거수집과 보전의 긴급성32)이 있는 경우에 예외적으로 수사가 허용된다는 견해가 그것이다.

먼저, 첫 번째 견해는 공소제기가 불분명한 상태에서 강제수사를 인정하는 것은 피의자에게 돌아가는 피해가 너무 크므로 임의수사만을 인정하는 것은 타당하다. 다만 이 견해는 고소 가능성이 없는 경우에까지 수사를 허용하므로 찬동하기 힘들다.

두 번째 견해는 고소 가능성이 있는 경우에 수사를 허용하는 것에 비해, 세 번째 견해는 고소 가능성뿐 아니라 수사의 긴급성까지 요건으로 하고 있으므로 진일보한 견해라고 볼 수 있다. 다만 이 견해들은 임의수사와 강제수사를 구분치 않고 인정하고 있다는 점에서 찬동하기 힘들다.

따라서 예외적으로 인정되는 수사의 범위는 고소의 가능성이 있는 경우에 수사의 긴급성을 요건으로 임의수사만이 허용되어야 한다고 본다.

다만 이러한 경우에도 다음과 같은 수사의 내용은 고려되어야 한다.

① 초동조사활동

먼저 고소가 없는 경우에도 수사기관의 조사활동정도는 인정될 수 있다. 즉, 고소가 없는 경우에 수사기관이 인지하는 경우는 고발(또는 제3자의 신고)33) 등을 통하는 경우이거나 수사기관이 직접 인지하는 경우이다. 이 경우에 고소가 없더라도 친고죄 대상 범죄인지 여부나 여죄가 없는지 여부, 혹은 인지에 의한 피의자가 범죄의 피의자와 동일인인지의 여부 등에 대한 조사활동은 있어야 한다. 물론 이것은 친고죄 범죄에 대한 수사로서의 의미는 아니지만,34) 현실적으로 이러한 조사활동 없이 친고죄 범죄인지 확인하는 불가능할

---

31) 김경락, 친고죄에 있어 고소 전 수사의 허용 여부, 법정논총 제39호, 중앙대, 2004, 63–63면. 다만 이 글에서는 "고소의 가능성이 존재하는 한 수사는 행하여 질 수 있으나, 제한적 허용설에서 말하는 원칙적 수사가 아니라 예외적인 수사가 행하여져야 할 것이다."고 한다. 원칙적 수사를 허용하는 것은 원칙적 허용설로 보아야 할 것이다.

32) 강동범, 친고죄에 있어 고소 전 수사의 허용 여부, 형사판례연구 제4호, 박영사, 1999, 393면; 이용식, 위의 글, 41면, 각주21.

33) 현직 경찰관(서울경찰청 광역수사대)과 면담한 바, 현실적으로 고발이나 112신고 등을 받고 현장에 경찰관이 출동한 경우에 그 사건의 처리 결과에 대해 보고하여야 하므로, 어떤 식으로든 조사활동이 이루어 질 수 밖에 없다고 한다.

34) 그러나 이러한 조사활동의 결과 여죄가 없고 친고죄로 규정된 범죄임이 확인되었다면, 친고죄

것이다. 따라서 이러한 범위 내에서의 친고죄에 대한 고소 전 수사는 허용된다고 보아야 한다.

② 피해자의 고소의사에 대한 수사

위와 같은 수사기관의 활동에 의해 친고죄 규정 범죄인 것이 밝혀졌다면 이 경우에는 고소의 가능성이 있는 경우에 수사가 허용된다고 할 것이다. 따라서 이때 우선적으로 고려되어야 할 수사의 내용은 피해자의 의사유무를 확인하는 것이어야 한다. 즉, 이러한 문제는 피해자의 고소의사가 불분명한 경우에 나타나는 것이므로, 고소가 없는 경우 수사기관은 피해자에 대한 소재파악과 고소의사에 대한 수사를 먼저 하여야 한다.

③ 참고인 중지

피해자 수사의 결과 고소의사가 확인되었으면 이에 따라 수사활동은 결정된다. 즉, 고소의사가 있다면 수사가 진행되고, 고소의사가 없다면 수사는 중지될 것이다. 문제는 피해자의 소재를 파악하지 못하여 고소의사를 확인하지 못한 경우이다. 이 경우는 검사는 참고인이나 고소인, 고발인 등의 소재불명인 경우 참고인중지[35]를 결정할 수 있으므로 원칙적으로 참고인중지 개념을 사용해 수사를 중지하고, 피해자의 소재와 고소의사를 파악한 후에 수사하여야 한다. 피해자의 고소의사 여부와 관계없이 피의자를 수사하는 것은 되도록 제한하는 것이 타당하기 때문이다.

위에서 알아보았듯이 친고죄 규정범죄가 발생하였다면 이것은 이미 피해가 발생한 것이고 고소권자인 피해자가 범죄 사실을 인식하지 못하는 경우는 있을 수 없다. 이런 인식이 있는 상황에서 고소가 없다면[36] 일단 친고죄의 취지에 맞추어 수사활동을 정지하는 것이 타당할 것이다. 다만 피해자의 고소의사를 확인하지 못한 경우라도 증거수집과 보전이라는 수사상의 긴급성이 있는 경우에는 참고인중지를 하지 않고 극히 예외적으로 수사할 수 있다고 새겨야 할 것이다.

에 있어서 고소없이 수사한 경우가 될 것이다.

35) 검찰사건사무규칙 제74조(참고인중지의 결정) 검사가 참고인, 고소인, 고발인 또는 같은 사건 피의자의 소재불명으로 수사를 종결할 수 없는 경우에는 그 사유가 해소될 때까지 불기소, 기소중지, 참고인중지 사건기록에 의하여 참고인 중지의 결정을 할 수 있다.

36) 다만 이 경우는 피해자가 범죄피해를 인식했고, 그 범죄가 친고죄임을 알았을 경우를 전제로 한다.

02

피해자의 고소와 기소와의 관계

1. 기소독점주의와 예외

1) 기소독점주의

우리 형사소송법은 국가소추주의를 택하고 있으며, 이러한 권한을 검사에게만 독점시킴으로써 기소독점주의를 취하고 있다. 기소독점주의는 공익의 대표자이며 법률전문가인 검사에게 공소제기 여부를 결정하도록 함으로써 부적법한 공소제기로부터 피의자를 보호하고, 피해자의 개인적 감정에 좌우되지 않는 공정한 형사소추권의 행사를 보장한다[37]는 장점을 갖는다.

2) 기소독점주의의 예외

검사가 기소권한을 갖는 것에는 이론이 있을 수 없으나, 검사만이 기소권의 주체가 되는가에 대해서는 입법에 따라 여러 가지 형태로 기소독점주의의 예외를 두고 있다. 우리 형사법은 즉결심판에 관한 절차법에 따라 경찰서장의 즉결심판청구권을 인정하여 기소독점주의의 예외를 인정하고 있으며, 재정신청제도도 이러한 취지로 이해할 수 있다.[38]

우리 법이 이러한 두 가지 예외를 두고 있음에 반하여, 프랑스와 영국 등의 나

---

37) 신동운, 위의 책, 341면.
38) 기소의제로부터 기소강제로 변경된 면만을 본다면 기소독점주의의 성격이 강화되었다고 볼 수 있다는 견해도 있다. 신동운, 위의 책, 341면. 다만 이 견해도 재정신청이 법원의 결정에 의한 검사의 공소제기강제이므로 여전히 기소독점주의의 예외라고 본다.

라에서는 사인소추주의를, 미국에서는 대배심제도를 두고 있다.

2. 사인소추주의

1) 프랑스의 사인소추제도

(1) 프랑스의 형사사법절차 개요

프랑스의 사법절차는 행정법원과 사법법원이 엄격히 분리된 이원적 구조를 취하고, 형사사건의 판결과 수사법원이 분리되어 있으며, 우리나라와는 달리 검사가 중요한 사건의 수사에 나서지 않고 수사법원에 소속된 수사판사가 예심수사를 담당하는 예심제도를 특색[39]으로 한다.

이전의 규문주의적 소송절차에서는 법관이 수사와 재판을 동시에 행하는 지위에 있음으로써 피의자 또는 피고인의 방어권에 큰 장애가 되었을 뿐만 아니라 재판에 있어서도 수사한 피의자를 심판함으로써 예단을 가지게 되어 공정한 재판에 대한 위험성을 가지고 있었다. 이에 프랑스의 치죄법은 규문주의적 형사절차를 타파하기 위해 수사절차와 재판절차를 분리하였다. 즉, 치죄법은 수사는 검사와 사법경찰관이 담당하게 하고 법원은 기소 이후의 공판절차에서 심리와 심판을 하도록 한 것이다. 그러나 프랑스 형사소송법은 수사와 재판을 철저히 분리하는 데까지는 이르지 못하고 수사판사에 의한 예심제도를 인정하였다. 즉 공판 전의 단계에서 법관이 심리할 수 있는 여지를 남겨둔 것이다.[40] 이는 실체적 진실발견의 책임이 재판법원의 판사와 독립된 판사에게 있었던 강한 전통이 개정된 형사소송법에 남아있었기 때문이다. 즉, 소추는 검사가 담당하지만 예심수사는 수사법원이, 판결은 판결법원이 담당하는 형태를 취하고 있다. 이렇게 수사법원이 따로 존재하는 이유는 형사재판에 회부되는 것은 만약 무죄가 되는 경우에는 피고인에게 중대한 문제이고, 실체적 진실발견을 피의자에게 지나치게 의존하여서는 안 되며, 피고인의 신상에 중대한 결정을 받기 때문이라고 한다.[41]

이러한 의미에서 프랑스 치죄법의 소송구조를 절충주의라고 부른다.[42]

---

39) 김종구, 형사사법개혁론, 법문사, 2004, 108면.

40) 김종구, 위의 책, 117면.

41) 신태영 편역, 프랑스의 사법제도, 법무부 법무자료 제211집, 1997, 270면.

42) 신동운, 일제 하의 예심제도에 관하여. 서울대학교 법학 제27권 제1호, 150면.

예심판사제도는 정식재판 전에 판사가 개입하는 제도이므로 규문절차의 잔재라는 측면이 있으나, 한편 독립한 법관에 의한 형사피의자, 피고인의 보호를 위한 불가결한 제도적 장치라는 측면이 있다.[43]

이러한 예심제도[44]는 대륙법계국가에 계수되어 과거의 독일과 일본 등지의 나라에 영향을 미쳤다.

또한 범죄의 종류를 그 법정형의 경중[45]에 따라 중죄, 경죄, 위경죄의 세 가지로 구분하고 있으며, 범죄의 종류에 따라 그 기소의 유형과 재판관할에 차이를 두고 있다. 즉, 경죄와 위경죄는 원칙적으로 검사의 소추에 의해 법원이 재판하게 되며, 중죄의 경우[46]는 검사의 예심수사개시청구를 받아 수사판사가 수사하게 되며 수사판사가 사건을 재판법원으로 이송함으로써 기소의 효력이 발생된다.

(2) 기소권의 주체

기소는 공소(公訴)와 사소(私訴)로 나눌 수 있으며, 원칙적으로는 공소는 검사에 의해, 사소는 피해자에 의하여 제기된다. 공소는 공공질서의 보호와 범인 처벌에 목적이 있고, 사소는 범죄피해자의 피해를 보상함에 목적이 있다.[47] 따라서 피해가 없는 범죄[48]의 경우에는 사소제기는 불가능하고 공소제기만이 가능하다.

위에서 알아본 바와 같이 프랑스의 경우, 위경죄와 경죄에 대해서는 원칙적으로 검사가 기소권을 가지고 있으나 중죄에 대해서는 중죄소추부가 기소권을 가지고 있으며, 한편으로는 범죄의 피해자가 기소의 주체로써 사소를 제기할 수도 있다.

---

43) 신동운, 위의 글, 164면.

44) 예심제도에 대해서는 정동섭, 프랑스 예심법원의 조직과 기능, 해외파견검사연구논문집 제5집, 법무부, 1986; 이진한, 프랑스 수사판사제도에 관한 고찰, 해외파견검사연구논문집 제15집, 법무부, 1999 참조.

45) 프랑스법상 무기 또는 10년 이상의 징역 또는 금고에 해당하는 범죄는 중죄, 10년 이하의 구금형 또는 25000프랑 이상의 벌금형은 경죄, 20000프랑 이하의 벌금형은 위경죄에 해당된다. 프랑스 형법 제111-1조, 131-1조, 131-3조.

46) 다만 예외적으로 경죄와 위경죄에 있어서도 검사가 사안이 복잡하거나 중요하다고 판단하는 경우에도 예심수사개시청구를 할 수 있다고 한다. 김종구, 위의 책, 118면.

47) 박창호·이동희 외, 비교수사제도론, 박영사, 2004, 114면.

48) 예를 들면, 매춘관련, 약물범죄, 음주운전 등의 범죄이다.

① 검사의 기소권

프랑스의 검사는 지방법원 이상의 각급 법원에 배치되어 있으며 주로 사법경찰관리에 대한 수사지휘, 기소 여부의 결정, 공소유지 등 수사 및 재판에의 관여와 형 집행의 임무를 담당한다. 경죄와 위경죄의 경우에는 원칙적으로 검찰의 소추에 의하여 곧바로 법원의 재판이 진행된다.

프랑스 검사의 기소편의주의 제한으로써 법무부장관과 고등검사장은 검사의 불기소결정이 공익에 반하여 부당하다고 인정하는 때에는 피해자의 통지가 있는 경우 공소제기 명령[49]을 할 수 있으며,[50] 우리나라와 같은 항고나 재정신청제도는 없다.

또한 타인소유지에서의 불법수렵, 프랑스인에 의해 외국에서 행해진 범죄 발생시 해당 외국정부에 의한 공식적인 고소, 사생활침해 및 명예훼손죄, 모욕죄 등의 경우에 있어서는 고소[51]가 있어야 검사는 공소를 제기할 수 있다.

경죄와 위경죄의 경우에는 원칙적으로 검사의 기소권이 인정되지만, 중죄의 경우는 중죄소추부가, 피해자인 사소당사자에 의해서도 기소권이 인정되므로 이는 기소독점주의의 예외[52]로 기능한다.

한편, 검사에게는 형사조정[53]의 권한도 인정된다. 검사는 기소결정 전에 피해자와 피의자가 동의하는 경우 합의를 진행할 수 있으며, 피해가 보상되거나 장애가 종료되거나 사회복귀에 도움이 되는 경우에 합의가 성공하면 기소를 포기할 수도 있다.

② 수사판사의 기소권

예심절차는 범인의 발견, 사실인정에 필요한 증거의 수집, 형사책임 부과

---

49) 우리나라의 항고 제도와 효력 면에서 유사한 측면이 있다고 보이지만, 피해자의 참여형식에 있어서 다르다.

50) 이외에도 검사의 부당한 불기소처분에 대해 사소를 제기할 수 있으므로, 사소제도도 검사의 자의적 결정에 대한 통제로 보는 견해도 있다. 박창호·이동희 외, 위의 책, 117면. 그러나 사소제도는 기소독점주의의 제한으로 보는 것이 타당하다.

51) 우리 법상 친고죄와 동일한 효력이 있다. 박창호·이동희 외, 위의 책, 117-118면에서는 이러한 친고죄 규정을 검사의 기소 결정자유원칙에 대한 예외로 보고 있다.

52) 사소제도를 기소독점주의의 예외일 뿐만 아니라 기소편의주의의 예외라고 보기도 한다. 김종구, 위의 책, 12면. 그러나 사소제도는 기소주체의 문제이므로 기소독점주의의 예외로만 보는 것이 타당하다고 본다.

53) 프랑스 형사소송법 제41-1조.

여부 등의 결정을 위하여 실체적 진실을 발견하는 절차인데, 이러한 예심수사 절차는 수사법원의 수사판사[54]가 진행한다.

수사판사는 예심수사 결과 범죄를 인정할 만한 증거가 충분하다고 판단하면 예심수사의 대상이 된 자[55]를 판결법원으로 이송하는 기소결정을 하고, 범죄를 인정할 만한 증거가 불충분하다고 판단하면 불기소결정을 한다. 수사판사는 형사사건에 대하여 예심수사를 통하여 판결법원에서 유죄판결을 받을 수 있는 요건들이 갖추어져 있는가 여부를 검토하여 판결법원으로 이송할 지 여부를 결정하는 것이다.

이와 같이 수사판사는 예심이 개시된 사건에 대해 수사권을 가짐과 동시에 판사로서 수사에 있어 재판상 결정을 할 권한을 가지며, 기소의 권한을 아울러 가지고 있다. 수사판사는 수사권과 기소권을 가지므로 우리나라의 검사와 유사한 권한[56]을 가진다. 다만 예심수사과정에서 재판상의 결정 권한 유무[57]에 있어서는 우리나라와 다르다.

③ 사소(私訴)

다음으로 범죄피해자의 사소가 있다. 피해자는 검찰 및 사법경찰관서에 피해사실을 고소할 수 있고,[58] 경죄와 위경죄의 경우 재판법원에 직접 소송을 제기할 수 있고, 중죄의 경우 수사판사에게 직접 소송을 제기할 수 있다. 이때 사소 당사자의 자격으로 수사판사에게 손해배상을 청구[59]하는 소송을 제기할

---

54) 이러한 기능에 비추어 예심판사보다 수사판사라는 용어가 더 적합하다는 견해가 있다. 이는 예심기능을 가지고 있기는 하지만 수사에 주된 기능을 가지고 있기 때문이라고 한다. 김종구, 위의 책, 118면, 각주41; 이진한, 위의 글, 478면, 각주3.
55) 이렇게 예심절차에서 수사의 대상이 된 자는 법원의 영향력 아래 있으므로 피고인의 개념으로 볼 수 있으나, 기소전의 수사단계에서의 개념이므로 피의자와 유사한 개념이라고 할 수 있다.
56) 김종구, 위의 책, 119면.
57) 수사에 있어 수사판사와 검사의 이원적인 조직을 역사적인 산물로써 최근에는 이 기능을 모두 검사에게 통합하자는 의견이 대두되고 있다고 한다. 신태영, 위의 글, 268면.
    검사가 재판상의 결정까지 하는 것은 수사기관에 과동한 권한을 줌으로서 피의자의 권리를 침해하는 위험성이 크므로 이러한 주장은 타당하다고 할 수 없다.
58) 고소하는 경우까지 소를 제기하는 유형으로 보는 견해도 있다. 박창호·이동희 외, 위의 책, 115면. 그러나 피해자의 고소에 의해 소의 제기가 강제되는 등의 효력은 없으므로, 이를 소의 제기 유형으로 보기는 어렵다.
59) 다만 피해자의 사소제기가 반드시 손해배상의 청구와 연결되는 것은 아니고 사소를 받아들였다고 하여 자동적으로 손해배상을 인정하는 것도 아니다. 김종구, 위의 책, 120면.

수도 있다. 수사판사는 사건을 수사하여 경조법원 또는 중죄법원의 재판에 회부할 수 있다. 이때 수사판사는 검사의 기소의견에 구애받지 않는다. 사건이 재판에 회부되면 이 사건의 공소유지는 검찰이 수행[60]하지만 손해배상청구에 관한 소송행위는 사소당사자가 수행하게 된다.

또한 프랑스 형사소송법상 피해자는 기소권한을 행사할 수도 있으나 검사가 이미 공소를 제기한 경우에는 사당사자의 자격으로 개입한다는 의사를 표시하여 소송에 개입하여 공소유지권한의 분배를 할 수도 있다.

(3) 사인소추의 주체

프랑스의 형사소송법은 직권주의적 성격이 강하지만 공소제기에 있어서는 사인에 의한 제기의 효력을 형사소송법 제1조에 명시하고 있다. 즉 동조에서는 "형벌의 적용을 위한 공소는 법관이나 법률에 의해 정해진 공무원에 의해 제기된다."라고 하여 판사나 검사에 의한 기소를 명시하는 동시에, "이 공소는 현 법전이 정하는 조건 하에서 피해자에 의해 제기될 수 있다."고 하여 피해자의 기소권한을 규정하고 있다.

이처럼 범죄로 인한 피해의 복구라는 측면에서의 사인에 의한 공소제기와 국가 형벌권의 실현이라는 측면에서의 판사와 검사에 의한 공소제기의 두 가지 형태가 병존하여 이중적 기능을 수행한다.[61]

프랑스 형사소송법 제2조는 "중죄, 경죄, 위경죄에 의해 발생한 피해복구를 위한 사소는 범죄에 의한 직접적인 피해를 개인적으로 입은 모든 사람에게 속한다."고 규정하고 있다.

직접적인 피해자를 지칭하고 있으므로 간접적인 피해자나 개인적으로 피해를 입지 않은 사람은 사인소추의 주체가 될 수 없다. 즉, 손해의 현존과 개인적 법익에 대한 침해, 직접적 피해라는 세 가지 조건을 충족해야 한다.

첫째, 손해가 현존[62]해야 한다는 것은 범죄로 인한 피해가 사소를 제기하는

---

60) 따라서 사소의 경우, 수사판사가 기소를 하고 이러한 기소단계에서 검사는 역할을 하지 않지만, 그 사건의 공소유지업무는 행하여야 한다.
61) 김택수, 프랑스의 사인소추제도, 경찰법연구 제2호, 한국경찰법학회, 2004, 169면.
62) 따라서 아직 발생하지 않은 피해에 대해 사소를 제기할 수는 없으나, 심각한 기회의 상실이 실질적으로 있었음이 입증되는 경우에는 사소를 제기할 수 있다고 한다. 김택수, 위의 글, 170면.

시점에 확정될 수 있어야 하는 것을 말하며,[63] 둘째, 개인적 법익에 대한 피해라는 것은 범죄로 인하여 자신의 신체, 재산 또는 명예 등에 대한 개인적인 침해가 있어야 한다는 것을 말한다.[64] 이때의 개인적인 침해는 물질적 손해뿐만 아니라 정신적인 손해[65]를 포함한다. 또한 일정한 범죄의 경우에 개인적 피해의 범주에는 유괴죄에서의 피해자 부모, 살인사건에서의 유가족 등과 같이 범죄피해자의 가족들도 포함될 수 있다.

셋째, 직접적인 피해라는 것은 범죄와 피해 사이의 인과관계가 성립되어야 함을 말한다.[66] 즉 손해의 근본 원인이 범죄로 인한 것이거나 피해가 범죄로부터 직접 발생한 것이어야 한다.

그러나 형법상 보호법익과 사인소추의 주체가 되는 피해자의 피해가 일치하는 것은 아니다. 즉, 공무집행방해죄에 있어서 공무집행 중에 폭행을 당한 공무원은 사인소추를 할 수 있다[67]고 한다. 따라서 사회적 법익에 대한 죄에 있어서도 사인소추가 인정된다.[68]

한편, 프랑스 형사소송법 제2조의1은 직접적으로 피해를 입은 개인 외에 법인이 공소를 제기할 수 있는 예외를 규정하고 있다. 공소를 제기할 수 있는 법인에는 지방자치단체, 노동조합, 사회단체 등이 있으며, 법인이 범죄로 인하여 직접 피해를 입은 경우에는 사인과 동일하게 소추를 할 수 있다. 이렇게 사인소추의 주체에 대한 다양한 예외규정을 둔 것은 공소제기의 실효성을 확보하고 형벌권의 발동을 강화하고 있는 것으로서, 이는 사인소추제도의 확대를 의미한다[69]고 할 수 있다. 이것은 사인소추의 확대로 검사의 기소독점주의[70]에 대한 넓은 예외를 인정하는 것으로 볼 수 있다.

---

63) 김택수, 위의 글, 170면.

64) 김택수, 위의 글, 170면.

65) 정신적인 손해는 인격적 법익에 대한 침해로써, 개인의 인격이나 의사에 대한 침해라는 면에서 범죄에 대한 피해자의 처벌의사를 고려한다면 더욱 개인적인 침해라고 할 수 있다.

66) 김택수, 위의 글, 170면.

67) 김택수, 위의 글, 171면.

68) 사회적 법익에 대한 친고죄의 고소가 인정되는 것과 관련하여 시사하는 바가 크다.

69) 김택수, 위의 글, 171면.

70) 이러한 사인소추의 확대를 검사의 기소편의주의에 대한 사회통제로 보는 견해가 있다. 김택수, 위의 글, 171면. 그러나 사인소추는 기소독점주의에 대한 예외로 보는 것이 타당하며, 따라서 이는 사회적 통제라기보다는 적극적인 법적 권한의 확대라는 측면에서 보아야 한다.

프랑스 형사소송법은 제2조의1 이하에서 공소를 제기하거나 소송에 개입할 수 있는 사회단체들을 열거하고 있는데, 다만 이러한 사회단체들은 범죄일을 기준으로 5년 전에 법률에 의해 등록되어 있어야 하고, 공익성을 목적으로 한 단체여야 한다. 동법은 이러한 단체를 피해자의 동의를 얻어 공소를 제기할 수 있는 단체,[71] 공소가 이미 제기된 경우로서 공소를 제기할 수는 없으나 소송에 개입할 수 있는 단체,[72] 그리고 피해자의 의사와 독립하여 공소를 제기하거나 소송에 개입할 수 있는 단체[73]로 구분하고 있으며, 아울러 단체들이 관여할 수 있는 범죄를 열거하고 있다.

(4) 사인소추의 절차

피해자는 이미 검사가 공소를 제기하여 진행 중인 소송에 사당사자의 자격으로 개입할 수도 있으며, 검사가 기소를 하지 않거나 아예 수사를 하지 않는 경우에 독자적으로 소송을 제기할 수 있다.[74] 사소는 사당사자를 구성한다는 내용의 고소장을 예심판사에게 제출하는 방식과 재판법원에 직접 재판을 청구하는 두 가지의 방식으로 청구할 수 있다.

① 수사판사에게 고소장제출

먼저 사당사자를 구성한다는 내용의 고소장을 예심판사에게 제출하는 방식에 있어서 특별한 요건을 필요하지 않다. 실무상 일반 편지가 수사판사에게 송달되는 것으로 충분하여 변호사의 선임도 필요하지 않다.[75] 다만 그 내용에는 사당사자를 구성하다는 취지의 문구가 표시되어야 하며, 사실관계가 밝혀

---

71) 이에 해당하는 단체로는 성폭력 또는 가정폭력 방지를 위한 사회단체(프랑스 형사소송법 제2-2조), 노동법관련하여 차별행위 방지를 위한 사회단체(동법 제2-6조), 병자 또는 장애인의 보호, 지원단체(동법 제2-6조), 사회적 또는 문화적 소외를 반대하는 단체(동법 제2-10조)가 있다.
72) 피학대아동 또는 성범죄의 피해자인 미성년자의 지원, 보호 단체(동법 제2-3조), 테러범죄의 피해자 지원단체(동법 제2-9조), 교통사고 방지 또는 그 피해자의 보호단체(동법 제2-12조), 대중교통수단 내 또는 공공장소에서 발생한 사고의 피해자 보호단체(동법 제2-15조), 약물중독 또는 마약방지를 위한 단체(동법 제2-16조), 근로현장에서의 사고 또는 직업병의 피해지의 보호, 지원 단체(동법 제2-18조).
73) 인종주의 등에 근거한 차별의 피해자 지원단체(동법 제2-1조), 반인륜적 범죄와 전쟁범죄를 반내하는 사회단체(동법 제2-5조), 동물보호를 위한 단체(동법 제2-13조) 등이 있다.
74) 사당사자의 자격으로 검사의 기소이후에 소송에 개입하는 것까지를 통칭하여 사인소추로 부르고, 피해자의 공소제기만을 지칭할 경우 사소로 부른다. 김택수, 위의 글, 173면.
75) 김택수, 위의 글, 174면.

져 있어야 한다. 왜냐하면 이러한 의사표시는 검사의 기소와 유사한 효력을 발휘하므로 수사판사의 사건에 관한 범위를 한정하는 효력이 있기 때문이다. 그러나 사실관계를 기술할 때에 구체적인 입증을 요구하지는 않는다. 즉, 범죄의 발생과 피해의 인과관계까지 입증할 필요는 없다.

단지 판사로 하여금 피해자가 주장하는 사실의 정황으로 판단하여 범죄의 발생 여부와 그로 인한 피해의 인과관계의 개연성을 인정할 수 있을 정도면 충분하며, 따라서 죄명을 특정할 필요도 없다.[76]

피해자의 고소장을 접수한 예심판사는 이를 검사에게 통보한다. 통보절차 이전에 수사판사는 직권으로 피해자를 출석시킬 수 있으며 검사도 수사판사로 하여금 피해자의 진술청취와 증빙서류의 제출을 요구할 수 있다.[77]

② 직접기소

피해자는 피의자를 재판법원에 직접 기소하여 재판을 청구할 수도 있다. 다만 위경죄와 경죄는 이러한 형식의 소송제기가 가능하지만, 중죄의 경우에는 예심제도에 따라 반드시 예심을 거쳐야 하므로 중죄에 해당하는 범죄에 대해서는 직접 소환할 수 없고, 예심판사에게 고소장을 제출하는 방법밖에 없다. 경죄와 위경죄의 경우에 피해자는 피의자를 직접 소환할 수 있지만, 고소장을 예심판사에게 제출하는 경우와는 달리 담당 법원에 사실관계와 피해관계를 명확히 밝혀야 한다. 이는 수사판사의 수사과정을 거치지 않고 기소가 이루어지기 때문이다. 따라서 이 경우에 사실관계와 피해관계를 명확히 밝힐 수 없다면 위의 방법대로 수사판사에게 고소장을 제출하여야 한다.[78]

실제적으로 피해자는 범죄발생지 또는 피의자의 주소지 관할 법원의 서기에게 신청을 한다. 직접소환에 의해 소환장은 통상 변호사에 의해 작성된다. 한편 피해자는 미리 소송비용[79]을 납부하여야 하며 그렇지 못할 경우 직접소환의 효력은 상실된다.

---

76) 김택수, 위의 글, 175면.
77) 프랑스 형사소송법 제86조.
78) 다만 위경죄에 있어서는 이와 같이 수사판사에게 고소장을 제출하는 방식은 인정되지 않는다.
79) 김종구, 위의 책, 120면. 이는 영치금의 성격이다.

③ 소송에의 개입

피해자는 예심단계 또는 공판단계에서 사당사자를 구성한다는 명시적인 의사표시로서 소송에 관여할 수도 있다.

예심단계에서 피해서는 수사판사를 상대로 언제든지 사당사자를 구성할 수 있으며,[80] 이에 특별한 형식을 요하지 않는다.

공판단계에서 피해자의 관여는 공판준비단계인가 공판기일인가에 따라 약간 다르다. 먼저 공판준비단계에서는 법원의 서기에게 신청하면 되고, 서기는 즉각 신청서를 검사에게 송부하여 공판기일에 출두하게 한다.[81] 경찰수사단계에서도 검사의 동의를 받아 피해자가 신청할 수 있으며 사법경찰관리는 조서를 통하여 그 사실을 기재하여야 하며, 이 경우 공소가 검사에 의해 제기되고 경죄법원이나 경찰법원에 직접 송치가 아우러진다는 조건 하에서 사당사자 구성이 유효한 것으로 간주한다.[82]

다음으로 공판기일에서는 서기에 의해 기록된 구두선언 또는 의견서 제출에 의해 사당사자를 구성할 수 있다.[83] 검사는 고소장을 제출한 피해자에게 공판일자를 통보[84]해야 한다. 이는 피해자의 소송개입을 용이하게 하기 위함이다.

소송에 개입하기 위하여 변호사의 선임을 필요로 하지 않으며,[85] 이러한 당사자구성은 검사의 사실청구 이전에 이루어져야 한다. 또한 이러한 권리는 1심판결단계 이전에서만 인정된다.

(5) 사인소추의 효과

범죄의 피해자는 사소를 통하여 기소강제의 효과를 발생시키며, 소송개입의 경우에는 소송의 당사자로서 지위를 가지게 된다.

① 기소의 효력

사소의 두 가지 방식 중 직접기소에 의한 방식은 법원에 의해 피의자가

---

80) 프랑스 형사소송법 제87조.

81) 프랑스 형사소송법 제419조 이하.

82) 프랑스 형사소송법 제420-1조.

83) 김택수, 위의 글, 174면.

84) 프랑스 형사소송법 제391조.

85) 변호사의 선임을 필요로 하지않고, 직접 사당사자를 구성한다. 프랑스 형사소송법 제418조.

소환되므로 직접기소의 효력을 지닌다는 것은 명확하다.

그러나 수사판사에게 고소장을 제출하는 경우 수사판사는 검사에게 통보하는 절차만을 행하고 통보받은 검사는 공소 여부에 대한 결정을 할 수 있으므로 기소강제의 효력이 발생하는지에 대해서는 고려해보아야 한다.

사건이 수사판사나 법원에 접수되면 검찰에 의한 공소절차가 개시된 것과 동일한 효과가 발생한다고 하여 양자 모두의 경우 직접적으로 기소의 효력을 인정하는 견해[86]가 있으나, 절차상 수사판사의 통보에 의해 검사는 공소제기 여부에 대한 권한[87]이 생기므로 이러한 검사의 권한이 소멸된다고 해석하는 것은 힘들다. 다만 이 경우에는 피해자의 기소에 관한 권한과 예심제도의 취지상 검사에게 기소가 강제된다[88]고 해석하는 것이 타당하다고 본다. 사인소추의제도 취지상 피해자의 기소의사를 존중해야 할 뿐만 아니라, 피해자의 고소에 의한 수사판사의 기소의사를 검사 단계에서 불기소처분하는 것은 예심제도의 취지에도 반하므로, 이때 검사가 가지는 기소권한은 형식적인 것으로 해석하여 기소하여야 하는 것[89]으로 보아야 하기 때문이다.

② 당사자의 지위

사당사자를 구성하는 피해자는 소송절차상 당사자의 지위에 서게 된다.

피해자는 변호인이 입회하는 경우에만 예심판사의 심문을 받게 되며, 증인의 자격으로 출석되지 않고, 따라서 증인선서를 할 필요가 없다. 수사판사에 대해 수사청구를 함으로써 예심단계에서 개입할 수 있다.

또한 피해자는 당사자로서 참고인신문, 피의자신문, 대질신문, 현장 확인, 증거수집을 수사판사에게 청구[90]할 수 있을 뿐 아니라 2000년 형사소송법 개정으로 진실발견에 필요할 것으로 간주되는 모든 여타의 처분을 청구할 수 있

---

86) 김종구, 위의 책, 120면.

87) 즉, 이때 검사가 가지는 권한은 공소권 상실유무, 당사자적격, 공소시효 소멸 여부 등에 대한 판단만을 할 수 있는 권한이다.

88) 따라서, 근거가 불충분하다는 이유로 기소유예와 같은 피해자에게 불리한 처분은 내릴 수 없다. 김택수, 위의 글, 176면.

89) 이렇게 기소가 강제된다는 의미에서 기소편의주의에 대한 제한으로 해석될 수도 있다. 김택수, 위의 글, 176면.

90) 프랑스 형사소송법 제82-1조.

게 됨으로써 피해자[91]가 당사자의 지위[92]에서 가지는 권한을 확장하였다.

(6) 사인소추에 대한 제한

사인소추는 피해자에 의해 공소가 제기됨으로써 형벌권의 발동이 개인의 판단에 맡겨져 있다. 따라서 사인에 의한 형벌권의 남용이 있을 수 있다. 이러한 사인소추의 남용을 막기 위해 프랑스 형사소송법은 영치금 납부제도와 형사제재제도를 두고 있다.

① 영치금 납부제도

피해자는 사소를 제기하는 경우에 영치금을 납부하여야 하는데, 사소의 제기가 남용된 것이라고 판명된 경우에 영치금은 민사벌금으로 환수된다. 영치금의 납부는 검사가 이미 공소제기 한 후 소송에 개입하는 경우에 적용되지 않으며, 사인에 의해 공소가 제기된 경우에만 납부한다. 사소의 경우에는 전술한 바와 같이 예심판사에게 고소장을 제출하는 경우와 직접 소환하는 경우 모두 영치금을 납부하여야 한다.

영치금의 금액은 피해자의 소득수준에 따라 고소장을 제출받은 판사, 직접 소환의 담당 법원이 결정[93]한다.

또한 영치금의 납부는 사당사자구성 일자를 기준으로 소급하여 공소시효를 정지하는 효과를 발생시킨다.

예심 또는 재판을 통하여 사소가 남용되거나 소송을 지연시킬 의도가 아니라는 결정이 있는 경우에 영치금은 피해자에게 반환된다.

② 형사제재

검사의 경우와는 달리 피해자가 사소를 남용한 경우에는 형사처벌과 손해배상의 대상이 될 수 있다. 사소의 남용 여부는 예심단계와 재판단계에서 판명된다.

이것은 일반적으로 피고인에 대한 무죄의 선고 여부[94]에 좌우되는 것이

---

91) 다만, 동법은 이러한 권리들을 피해자뿐만 아니라 피고인에게도 부여하였다.

92) 이러한 경향에 대해, 이는 검사와 피고인간의 무기평등뿐만 아니라, 피해자와 피고인의 무기평등까지 실현하고 있다고 볼 수 있다. 김택수, 위의 글, 177면.

93) 이때 법률구조의 혜택을 받은 자는 면제된다. 김택수, 위의 글, 179면.

94) 피해자의 직접기소의 경우에는 이 사유가 민사벌금에 처해질 수도 있다.

아니고, 고소인의 고소자체에 대해 평가된다. 즉 남용 여부는 고소인이 경솔하게 사소를 제기[95]하였는가, 또는 고소의 내용이 허위의 고소[96]인가에 따라 결정된다.

무고죄와 같은 형사제재 외의 제재도 존재한다. 사소에 의한 예심에서 무혐의 결정이 내려진 경우에는 일정한 제재가 있는데, 이 경우에 무혐의 결정을 받은 피고소인은 고소인을 상대로 손해배상을 청구[97]할 수 있으며, 경죄법원은 무혐의 결정이 있는 날로부터 3월 안에 고소인을 소환할 수 있다. 검사의 청구에 의해 수사판사가 직접 민사벌금을 부과할 수 있다.[98]

또한 예외적으로 무죄판결의 경우에 제재가 가해지는 경우도 있다. 경죄법원은 사소에 의한 직접기소 사건에 대해 무죄를 선고하는 경우, 검사의 청구에 의해 민사벌금을 부과할 수도 있다.[99] 이러한 경우는 수사판사에 고소장을 제출하는 경우와는 달리 국가기관이 참여하는 예심절차를 거치지 않고, 피해자의 고소에 의해 직접 재판이 개시되므로 상대적으로 범위를 확장하여 제재를 가한 것으로 볼 수 있다.

(7) 소결

위에서 알아본 바와 같이 프랑스의 검사제도는 기소편의주의를 택하고 있으나, 기소독점주의를 택하고 있다고 볼 수는 없다.

기본적으로 검사가 기소의 권한을 가지고 있으나 원칙적으로 피해자에게도 범죄의 소추권이 인정되고 있으며, 특히 중죄에 관해서는 검사의 기소권한이 인정되지 않고 법원 법원의 중죄 소추부에서 이를 담당하고 있기 때문이다. 이렇게 기소권한은 검사와 피의자, 수사판사에게 배분되어 있다. 그러나 프랑스의 경우, 검사의 기소독점을 인정하지 않고 기소권한을 배분하면서도 피해자의 사인소추에 일정한 제한을 가하고 있다.

첫째, 중죄의 경우 검사와 마찬가지로 피해자도 기소권한을 직접 가지지는 않

---

95) 이 경우, 15000유로 이하의 민사벌금에 처해진다.
96) 이 경우, 프랑스 형법 제226-10조의 무고죄로 처벌받게 된다.
97) 프랑스 형사소송법 제91조.
98) 프랑스 형사소송법 제177-2조.
99) 프랑스 형사소송법 제472조.

는다. 예심제도에 따라 반드시 예심을 거쳐야 하므로 중죄에 해당하는 범죄에 대해서는 직접 기소할 수 없고, 예심판사에게 고소장을 제출하는 방법밖에 없기 때문이다. 둘째, 고소장을 예심판사에게 제출하는 경우와는 달리 직접 기소하는 경우에는 담당 법원에 사실관계와 피해관계를 명확히 밝혀야 한다. 셋째, 사인의 소송제기에 대해서는 무고죄의 형사제재와 함께 다양한 민사벌금제도를 규정하여 그 남용을 견제하고 있다.

그리고 기소편의주의 측면에서는 검사의 불기소 처분에 대해 검찰 내부에서의 기소명령제도를 두어 이에 대한 통제를 꾀한다. 즉, 우리나라의 재정신청과 유사하게 법무부장관과 고등검사장은 불기소결정이 공익에 반하여 부당하다고 인정하는 때에는 공소제기 명령을 할 수 있으므로 기소편의주의에 대한 제한으로 해석할 수도 있다.[100]

프랑스의 기소제도는 검사의 기소재량을 통제하는 방식이 아니라 애초에 기소권한의 배분을 통해 검사의 기소권한을 축소하고 있다. 이러한 기소방식은 범죄피해자의 권리를 형사절차상 적극적으로 인정했다는 점에서 의미가 있다. 사인소추를 적극적으로 인정함으로써 형벌의 본질과 피해자 사이의 관계를 일면 밝히고 있다고 본다.

프랑스의 사인소추는 원칙적으로 모든 범죄에 대한 검사의 기소권이 인정된다는 점에서 기소독점주의의 예외에 해당한다. 기소독점주의에 대해 피해자의 권리를 적극적으로 해석함으로써 기소권의 주체를 넓혀 검사의 기소권을 통제하고 있는 것이다.

즉, 프랑스의 기소권한은 사인소추에 의해 기소독점주의의 예외가 인정되며, 법무부장관과 고등검사장의 권한으로 기소편의주의의 제한이 이루어지고 있다.

2) 영국의 사인소추제도

(1) 영국 형사사법 절차의 개요

유럽에서 피해자와 공동체의 공동 제재가 형사범죄와 민사적 불법행위의 구분, 분리[101]되어 공형벌권이 생성된 반면, 영국에서는 형사범죄에 대한 사적인 취

---

100) 프랑스 형사법상 항고나 재정신청제도는 인정되지 않는다.

101) 표성수, 영미 형사사법의 구조, 비봉출판사, 2004, 36면.

급, 사적(私的)소추의 고전적인 전통을 유지하였다. 영국에서는 국왕, 영주 등이 침해행위에 대한 피해자라는 인식을 가지고 이들에 대한 개인적인 문제라는 개념을 가지고 있었다. 국가에 대한 침해도 국왕 개인에 대한 침해로 인식되었으므로 초기에는 모든 침해에 대해 개인적인 차원에서 개인을 위하여 처리되었다.[102] 이후 영국 왕들은 형사절차의 처리를 유럽대륙에서처럼 전단하려고 시도하였으나 시민혁명 등을 겪으며 여전히 범죄에 대한 사적인 취급의 전통이 유지되었다. 이러한 범죄에 대한 사적인 취급은 영국뿐만 아니라 이를 받아들여 변형을 가한 미국에 있어서도 형사절차의 특수함은 이로 인하여 비롯된 것이라고 보아도 과언이 아니다.[103]

영국의 일찍부터 배심제도가 시행되어 왔는바, 기소에 있어서는 12세기[104]부터 기소배심이 실시되었다. 다만 이때에도 사인에 의한 중죄 소추의 형식은 이와 병존하고 있었다.[105] 그 후 기소배심은 1948년 형사사법법(the Criminal Justice Act)에 의해 폐지되어 그 기능을 치안판사[106]가 수행하게 되었다.[107]

사인소추는 산업혁명이 일어나고 인구가 도시에 집중되면서 범죄가 격중하고 각종 법규가 다양해짐에 따라 한계를 드러내게 되었다. 사인소추의 결점은 피해자가 자력이 없거나 법에 무지한 경우 소추행위를 제대로 할 수 없다는 점과 돈을 받아내기 위한 소추의 남용이었다.

(2) 경찰의 소추권한

이러한 사정 때문에 1829년부터 등장하기 시작한 근대적 의미의 경찰이 점차 소추행위를 대신하게 되었고 국민들로서도 경찰에서 비교적 정형화된 기준으로 형사사건을 처리하는 편이 효과적이라고 생각하게 되었다. 그리고 소추행위의 남용을 견제하기 위하여 일정한 범죄는 법무총재(Attorney General)의 동의를 받아야

---

102) 이는 영국의 경우, 지방분권적 경향에 따라 왕권이 상대적으로 허약했기 때문이라고 한다. 표성수, 위의 책, 37면.
103) 김용진, 영국의 형사재판, 청림출판, 1995, 35면.
104) 표성수, 위의 책, 43면. 초기 기소배심은 교회와 봉건영주의 세력을 누르기 위해 활용되었다고 한다.
105) 표성수, 위의 책, 44면.
106) 치안판사제도는 13세기에 새로이 정착되었으며, 이들은 사인에 의한 중죄소추가 축소되어 국왕의 판사의 업무가 급증함에 따라 이 기능을 맡게 되었다고 한다. 표성수, 위의 책, 51–52면.
107) 김종구, 위의 책, 182면.

만 소추행위를 할 수 있도록 한 결과 사인소추는 사실상 그 모습을 감추게 되고 피해자를 대신하여 경찰이 소추행위[108]를 담당하게 된 것이다. 즉, 경찰의 소추기능 또한 경찰이 범죄의 제압에 관하여 가장 관계가 많은 사인[109]이라는 인식이 유지되었기 때문이고, 1985년 도입한 검사제 역시 경찰을 의뢰인으로 한 법률가라는 식의 구도를 취하고 있다.

이러한 경찰소추제도는 경찰의 업무부담 가중, 그리고 지역 간의 불균형 등 어려운 문제에 당면하게 되었다. 경찰은 범죄를 직접 처리하기 때문에 혐의자를 범인으로 속단하는 경우가 많아 소추행위에 공정성을 잃거나[110] 혐의자에게 유리한 증거를 무시하기 쉽고 또 지방자치경찰인 관계로 각 지역에 따라 사건처리결과에 많은 차이가 나게 되었다. 이러한 문제 중에서 가장 심각한 것이 무죄사건의 증가이다. 1989년의 경우 형사법원에서 판결을 선고받은 피고인이 123,900명 가운데 무죄주장을 한 피고인의 56%, 전체 판결선고 피고인의 15%가 무죄판결을 받았다.[111]

그럼에도 1985년의 "범죄소추법(the Prosecution of Offenses Act)"[112] 하에서 사인의 소추권한은 기본적으로 유지되고 있다. 그 이류로서는 공적 소추기관이 직무태만·편견·매수 등에 의해 부당하게 소추를 행하지 않는 경우에 대비해서 사인소추의 권리[113]는 시민에게 남겨진 최후의 보루로서의 의미를 가지고 있다는 점이 종래 제시됐다. 요컨대, 영국에서의 사인소추주의는 사실적인 측면에서 다소 형해화되었다고 할 수 있지만 피해자의 권리를 보호하는 이념적인 측면에서는 여전히 의의를 가지고 있다.

위와 같은 문제점의 발생으로 경찰이 기소를 수행하는 시스템을 바꾸기 위한

---

108) 다만 이러한 경찰소추로의 변화도 사건을 담당한 경찰관으로써가 아니라, 질서유지에 관심이 있는 한 시민으로써의 행위로 간주되고 있다. 김종구, 위의 책, 183면.

109) 표성수, 위의 책, 180면.

110) 이러한 제도는 부자나 법률가에게만 유리하고, 가난한 자나 일반 피해자에게는 효용이 적다고 비판받는다. Joan E. Jacoby, The American Prosecutor: A Seaech for Identity, Lexingtonbooks, 1980, 95면.

111) 김용진, 위의 책, 37면.

112) 종래의 소추절차를 개선하고 경찰의 독점적인 소추결정권한을 규제하는 검찰제도를 설치하는 것을 주된 내용으로 하는 법률이다.

113) 경찰의 소추권행사에도 불구하고 사인 소추의 원칙은 변경되지 않았다. 표성수, 미국의 검찰과 한국의 검찰, 육법사, 2000, 19면.

논쟁들도 다양한 시기에 나타났다. 1879년 공소책임자를 임명하고 소추를 전담하는 법률가를 두는 형태[114]가 존재했으나 이는 형사사건의 일부에 한정되고, 게다가 소추에 적극적이지 않았다.[115] 즉 이들에 의해 처리되는 사건은 형사사건 중 약 8%에 그치고 대부분의 사건은 경찰에 의해 소추되었다.[116]

이에 이러한 문제들은 시정하기 다양한 위원회들이 구성되었는데, 대표적으로 1962년 왕립경찰위원회[117], 1978년 왕립형사절차위원회(Royal Commission on Criminal Procedure)가 설치되었다.

왕립형사절차위원회에서는 1981년 보고서를 제출하였는데, 동 위원회는 보고서를 통해 세 가지 문제점을 지적했다. 이는 첫째는 수사를 담당한 경찰관은 동일사건의 기소 여부에 대해 공정한 판단을 내린다고 신뢰할 수 없음에도 동일경찰관이 수사와 기소업무를 병행하고 있다는 것, 둘째, 전국의 경찰청들이 사건의 기소여부에 대해 서로 다른 기준을 적용한다는 것, 셋째, 경찰이 너무 많은 부적당한 사건들(weak case)을 기소하여 판사의 기각률이 높다는 내용이었다.[118]

또한 동 위원회는 이에 대한 대책으로 제안한 것은 기소를 결정함에 있어 독립된 법률전문가의 중요성을 인식하고, 법적인 자격을 갖추었으면서도 수사절차와는 관련되지 않은 사람, 즉 수사로부터 독립된 사람의 책임하에 기소업무가 수행되어야 한다고 했다. 즉, 경찰수사와 기소 간 기능의 분리가 필요하고 이 분리된 기능을 각기 독립적인 기관에서 맡는다는 것이다.

(3) 검사제도의 도입

이에 따라서 새로운 기소기관의 설립이 필요하게 되었다. 그러나 이때 소추자(검사)가 수사관(경찰)에게서 독립되고 더 이상 종속되지 않는다면 양자 사이의 관계는 어떻게 설정되어야 하는가가 문제 된다. 위원회가 제시한 해답을 같은 목표

---

114) 이 법이 영국에서 최초로 공소제기를 도입하는 법이 된다. 영국의 공소제기 도입에 대해서는 Joan E. Jacoby, The American Prosecutor: A Search for Identity, Lexingtonbooks, 1980.

115) 표성수, 위의 책, 180면.

116) 표성수, 위의 책, 401면.

117) 이 위원회에서는 같은 경찰관이 동일한 사건의 수사와 기소를 모두 담당하는 것은 적절치 않으므로 경찰은 별도의 기소과를 두도록 권고하였다. 박창호·이동희 외, 비교수사제도론, 박영사, 2004, 393면.

118) 박창호·이동희 외, 위의 책, 394면.

를 추구하기 위해 큰 틀 안에서 견제와 균형(Check and balance)을 통해 협력하는 것이었다. 즉, 수사와 기소를 기능적으로 분리119)하고, 각각을 개별적인 기관의 책임하에 의해 수행하는 것을 원칙으로 하고, 두 기능은 유기적으로 연결될 필요가 있는 것이므로 각각의 기관은 견제와 균형의 기반 위에 협력120)하는 관계를 설정한 것이다.

위원회는 검찰업무121)의 내용을 제시하였고, 다만 이때 경찰이 사실상 기소를 할 수 있는 권한을 계속 보유할 수 있게 하였다. 즉, 위원회는 '검찰은 수사에 참여하지 않으므로 기소 여부를 결정할 경우 이는 당연히 경찰의 것'이어야 한다고 주장했다.

위와 같은 과정을 거쳐 1981년 위 위원회는 문제점들에 대한 해결책으로 정부에 독립된 기소전담기구(a new independent prosecution authority)를 설치하는 입법을 권고하였고, 1983년 내무부에서 기소업무를 담당하는 독립된 국가기구의 창설과 신속한 기소 여부결정을 위해 그 기구의 지역사무소에서 대부분 사건의 기소업무를 처리하게 함을 골자로 하는 정부입법안을 발표하게 된다.

왕립형사절차위원회의 권고에 따라 1985년 범죄소추법(the Prosecution of Offenses Act, 1985)이 제정되어 기존의 내무부 기소국(the Department of the Director of Public Prosecutions)과 지방경찰청 기소과(Police Prosecuting Solicitor's Departments)를 통합·확대한 왕립기소청, 즉 영국검찰(the Crown Prosecution service: CPS)이 창설되었다.122) 위에서 알아보았듯이 이는 수사와 기소의 분리를 그 주된 취지123)로 한다. 그러나 여전히 기소결정권(charge), 피의자 및 참고인 소환(summons), 경미범죄에 대한 경고처분(cautions) 및 사건종결권(NFA, No Further Action) 등 수사에 관한 모든 권한은 경찰에 그대로 남겨지게 되었다.

---

119) 영국의 검사제도는 수사와 기소권한을 모두 가지고 있는 경찰의 권한에서 기소권한만을 분리하여 전반적인 형사사법제도 운영의 원활을 기하자는 데에 그 취지가 있다. 박창호·이동희 외, 위의 책, 394면.

120) 따라서 기소청이 경찰을 지휘하는 관계가 아니고, 경찰에 종속되지 않고 독립된 정부부처로 경찰이 입건한 형사사건을 기소한다는 의미이다. 박창호·이동희 외, 위의 책, 394면.

121) 이러한 상황에서 검찰은 기소 여부에 승소가능성을 기준으로 하여 소극적이라는 비판을 받는다. 박창호·이동희 외, 위의 책, 394면.

122) 박창호·이동희 외, 위의 책, 394면.

123) 다만, 이러한 취지외에 유럽인권협약 제6조상의 검사와 피고인의 무기대등의 원칙(equality of arms between prosecution and defence)의 준수도 전제되었다. 박창호·이동희 외, 위의 책, 412면.

영국검찰은 그 역사에서 알 수 있듯이 광범위한 경찰의 업무로부터 기소기능만을 분리해내어 전반적인 형사사법제도운영의 원활을 기하자는데 그 설립목적이 있고, "경찰에 종속되지 않고 독립된 정부부처로 경찰이 공판회부결정한 형사사건에 대한 기소"를 행한다. 이처럼 영국검찰은 그 의미에 있어 우리나라의 검찰과 많은 상이점을 보이는데 그것은 수사주체인 경찰이 기소업무까지 수행하는 데 따른 폐단을 보완하기 위해 신설되어 기소(주로 공소유지)를 전담토록 하기 위한 기구로서 권력기관이라기보다는 국민과 경찰·피해자를 위해 법률서비스를 제공하는 국가소유 법률회사(law firm)의 성격이 짙다.[124]

(4) 소추절차

앞서 말한 것처럼 영국에서는 현재도 사인소추주의의 이념이 유지되고 있기 때문에 사인이 소추할 수 있을 뿐만 아니라 경찰과 검사의 소추권한이 인정된다.

영국에서는 검찰청이 창설된 후에도 대부분의 소추는 경찰에 의해 개시되고 있다. 경찰에 의해 소추가 개시되면 사건의 기록은 검찰청에 송치되고, 그때부터 사건의 추행에 관한 책임도 검찰청에 이전된다. 사건을 담당하는 검사는 원칙적으로 서류만을 통해 사건을 심사하고, 그 판단에 따라 절차를 정지할 수도 있다.

경찰은 실제로 대부분의 소추를 담당하고 있으나 검사제도의 도입으로 인해 검사는 경찰의 소추에 개입[125]하거나 직접 기소를 할 수 있게 되었다. 즉, 검사는 경찰이 제기한 소추의 절차를 인수하거나, 중요한 사건이나 사실관계가 복잡한 경우에는 직접 기소와 공소유지를 할 수 있고, 또 필요한 경우 공소를 취소할 수도 있다.[126] 검사의 기소권한에 있어, 검사는 기소 여부를 결정하는 데에 '증거의 충분성'과 '공공의 이익'의 두 가지를 기준으로 한다. 전자는 현실적으로 유죄를 이끌어 낼 가능성이 객관적으로 검증됨[127]을 말하고 후자에 있어 기소의 기준으로 제시되는 것은 '형량이 무거운 범죄', '계획된 범죄', '다수에 의해 행해진 범죄' 등이 있으며, 불기소의 기준으로 제시되는 것은 '기소가 오히려 피해자의 정신건강

---

124) 박창호·이동희 외, 앞의 책, 394면.
125) 검사는 경찰의 소추에 대한 개입뿐만 아니라 형사범죄와 관련된 문제에 대하여 경찰에 법률상 조언을 할 수 있다. 김용진, 위의 책, 51면.
126) 표성수, 영미형사사법의 구조, 181 – 182면.
127) 박창호·이동희 외, 앞의 책, 415면.

등에 악영향을 미칠 경우', '피의자가 이미 충분한 배상을 한 경우'128)이다. 기소의 경우 중한 사건에 있어 불기소사유들이 기소사유들에 비해 압도적으로 우세한 경우를 제외하고는 항상 기소가 이루어져야 하므로, 기소권한에 있어 검사의 재량권이 거의 없다.129)

또한 특이한 것은 영국의 검사는 형사법정130)에 출두하지 못하고, 독립된 법정 변호사가 기소측을 대리하여 공소를 유지한다.131)

다만 이러한 검사제도의 도입은 영국 형사사법상 중요한 변화이나 이는 사인 또는 경찰이 제기한 소추를 법률전문가인 검사가 법적인 의견을 검토, 정리하여 조언하는 데에 중점이 있고 검사가 직접 기소의 책임과 권한을 가지는 데에 중점이 있는 것은 아니다.132)

사인소추주의가 이념적으로나 실정법상으로도(범죄소추법 제6조 제1항) 유지되고는 있지만 순수한 사인에 의한 소추는 많지 않다. 그 이유로서는 여러 가지가 생각될 수 있는데, 무엇보다도 비용과 노력이라는 사실상의 부담에 기인하는 장애도 있지만, 법적인 규제도 들 수 있다. 즉, ① 상당수의 범죄는 법무총재나 검찰장관의 동의가 소추의 요건이 되어 있고, ② 검찰장관 및 검사에게는 사인이 개시한 사건을 인수해서 그것을 정지하는 권한이 있으며, ③ 법무총재는 절차의 어느 단계에서나 소추의 정지를 행할 수 있다. 따라서 소추에 관한 기본원칙으로서의 사인소추주주의가 그 구체적인 내용에 있어서 변모하고 있는 점은 분명하다.

(5) 소결

위에서 알아보았듯이 영국의 형사제도는 사적인 취급이 전통이었으며, 이러한 전통은 사인의 지위에서 경찰의 소추권한으로 이어졌다. 그러나 경찰의 소추는 여러 가지 문제점을 나타내었다. 이에 따라 특히 기소와 수사의 분리를 이유로 1983

---

128) 이러한 사유들은 우리 법상 친고죄의 취지와 유사한 부분이 있다. 영국의 경우는 이러한 사유를 검사의 불기소사유로 두고 있다. 다만 불기소가 강제되지 않는다는 점에서 우리의 친고죄와 상이하다.
129) 박창호·이동희 외, 앞의 책, 415면.
130) 다만 치안법정에는 출두하여 공소유지를 할 수 있으며, 예외적으로 형사법정에의 출두가 인정되는 것은 보석심사와 배심원없이 진행되는 단순절차인 경우이다. 박창호·이동희 외, 앞의 책, 416면.
131) 박창호·이동희 외, 앞의 책, 416면.
132) 표성수, 위의 책, 182면.

년 범죄소추법에 의해 독립된 기소를 담당하는 검사제도가 도입되었다. 이러한 형 사절차의 특색은 사인, 경찰이 개시한 소추를 검사로 하여금 인수하게 하는 한편, 수사기관인 경찰로부터 기소기관인 검사의 독립성을 확보하고 법률적 전문성을 확고히 하는 것이다.

그러나 현재 영국에서의 경찰소추[133]는 어디까지나 사인의 지위에서 행하는 수사를 담당한 경찰관 개인에 의한 소추이며 이는 실질적으로는 사인소추에 해당 한다. 또한 사인에 의한 직접 소추는 현실적으로 많이 행하여지지 않는다고 하여 도 당연히 법규정상 인정되는 것이므로, 영국의 기소제도는 사인소추를 기본[134]으 로 하고 있다고 볼 수 있다.

따라서 영국의 기소제도는 사인소추를 원칙으로 하면서, 검사의 기소권한이 인정되는 형태라고 볼 것이다. 즉, 기소독점주의의 관점에서 본다면 사인소추 역 시 기소독점주의의 예외에 해당한다고 할 수 있으나 엄밀히 말하면 영국의 경우는 오히려 검사의 기소권한이 사인소추의 예외라고 할 수 있을 것이다.

한편 기소편의주의의 관점에서도 중죄의 경우, 기소사유가 있는 경우에는 실 질적으로 기소를 강제하고 있다는 점에서 검사의 재량권은 크게 제한을 받는다. 또한 피해자의 보호와 배상이 된 경우를 불기소 사유로 하고 있다는 점에서 우리 나라 친고죄와의 관계에서 시사점이 있다.

3. 피해자의 의사에 의한 기소독점주의 제한

1) 기소독점주의의 예외로서 사인소추의 효력

위에서 알아본 바와 같이 프랑스와 영국의 기소제도는 검사의 기소독점을 인 정하지 않고, 피해자와 경찰 등에 의한 사인의 기소권한을 인정함으로써 기소독점 주의의 예외를 이루고 있다.

즉, 프랑스의 경우 기소권한은 검사와 피의자, 수사판사에게 배분되어 있다. 그러나 이렇게 기소권한을 배분하면서도 피해자의 사인소추에 일정한 제한을 가

---

133) 검사제도가 도입되었더라도, 앞서 알아본 바와 같이 현재에도 대부분 경찰에 의해 소추가 이 루어지고 있다.

134) 경찰의 소추를 검사가 인수할 권한이 있다고 하여, 검사의 소추를 사인소추의 관점에서 해석할 수는 없다고 할 것이다.

하고 있다. 즉, 검사의 기소권한은 독점성에 있어 예외를 인정함과 동시에 피해자의 기소권한은 행사에 있어 특히 직접 기소를 하는 경우에는 여러 가지 제한[135]을 둔다.

영국의 경우도 검사의 기소권한은 인정되지만, 피해자와 경찰의 소추가 원칙적으로 인정된다.

이와 같이 사인소추를 인정하는 방식은 기소독점주의에 대해 피해자 등의 권리를 적극적으로 해석함으로써 기소권의 주체를 넓혀 검사의 기소권을 통제하고 있는 것이다.

이러한 방식의 특징은 첫째, 이는 검사의 기소권 제한의 방식이 간접적이라는 것이다. 왜냐하면 사인소추제도는 검사의 기소권을 배분하여 적극적으로 사인의 소추를 인정하고 있는 것이고, 검사의 기소권한을 제한하는 측면은 사인의 소추를 인정함으로써 간접적으로 제한된다고 할 수 있기 때문이다. 즉, 사인의 소추 권한은 사인이 소추할 권한을 갖는 것이지 본래적으로 검사의 기소권을 통제하는 것이 취지라고 볼 수는 없다.

둘째, 이는 검사가 불기소할 경우에 피해자로서 의미를 가지는 권한이다. 사인이 소추권한을 가지는 것은 검사가 불기소[136]할 경우에 피해자가 직접 기소를 할 수 있다는 측면에서 의미를 가지는 것이지, 이는 검사가 기소할 경우에는 특별한 의미가 있다고 할 수 없다.

2) 기소독점주의에 대한 제한으로서의 친고죄의 효력

이에 반하여 우리나라는 검사의 기소독점주의를 유지하면서 검사의 기소에 피해자 등의 고소를 조건으로 하는 친고죄 규정을 두어 기소독점주의에 대한 제한형식을 취하고 있다. 원칙적으로 검사의 기소 외에 피해자의 소추권을 인정하지는 않으나, 피해자의 의사에 의해 검사의 기소권에 대해 제한하고 있는 것이다.

여기에서 주목할 점은 기소독점주의의 예외로서 사인소추를 인정하여 피해자

---

135) 그 외에 검사의 불기소에 대해서는 기소명령제도(프랑스)나 실질적으로 기소법정주의를 강제(영국)하는 등의 방법으로 제한이 이루어진다. 즉, 기소편의주의의 제한 방식으로 제한이 이루어진다.

136) 그 외에 검사의 불기소에 대해서는 기소명령제도(프랑스)나 실질적으로 기소법정주의를 강제(영국)하는 등의 방법으로 제한이 이루어진다. 즉, 기소편의주의의 제한 방식으로 제한이 이루어진다.

에게 소추권을 인정하는 것과 기소독점주의를 유지하면서 이의 제한으로서 친고죄를 규정하는 것이 어떤 차이가 있냐는 것이다.

첫째, 사인소추를 인정하는 것이 검사의 기소권한에 대한 간접적인 제한인 것에 비해 친고죄를 인정하는 것은 검사의 기소권한에 대한 직접적인 제한이다. 친고죄는 소추조건으로써 규정되어 있어 피해자의 고소가 없다면 직접적으로 검사는 기소권한을 행사할 수 없기 때문이다. 즉, 사인소추의 경우에는 사인이 소추하거나, 소추하지 않는다고 하여 검사가 가지는 기소권한에 직접 영향을 미치지 않는 반면, 친고죄의 경우에는 피해자가 고소권을 행사하거나 행사하지 않는 경우가 직접 검사의 기소권한에 영향을 미친다.

둘째, 위에서 알아보았듯이 사인소추가 인정된다는 것은 피해자에게 기소할 권한이 생긴다는 것이고, 검사의 기소권과의 관계에서 피해자가 기소할 권한이 의미를 가지는 경우는 검사가 불기소하는 경우이다. 따라서 사인소추제도는 불기소에 대한 기소의 효력이라는 측면에서 의미가 있다. 반면 친고죄는 피해자의 고소를 조건으로 기소가 이루어지는 것이므로, 이를 반대로 해석한다면 피해자의 고소가 없으면 기소를 할 수 없다는 것이다. 즉, 친고죄의 효력은 검사의 기소의사 또는 기소처분[137]에 대한 통제를 함으로써 불기소 효력[138]을 가진다.

이와 같이 사인소추제도가 검사의 불기소에 대한 기소의 효력을 가짐에 반해, 친고죄 규정은 검사의 기소권 행사에 대해 불기소의 효력을 가진다.

---

137) 검사의 기소의사는 피해자가 처음부터 고소를 하지 않음으로써, 검사의 기소처분은 피해자가 고소를 취소함으로써 제한할 수 있다.

138) 고소가 있는 경우에 친고죄 규정 자체에 의해 수사의무를 인정할 수 없고, 친고죄 규정에 의해 기소의무가 인정된다고 할 수 없으므로, 친고죄는 기소의 효력을 갖는다고 할 수 없다.

03

피해자의 고소권과 기소편의주의와의 관계

1. 기소편의주의의 제한

1) 기소편의주의

기소편의주의란 국가기관이 형사소추를 행함에 있어서 범죄의 혐의가 인정되고 법원에 의한 유죄판결의 가능성이 높음에도 형사정책적인 고려에 의하여 피의자에 대한 공소를 제기하지 않을 수 있도록 허용하는 주의이다.[139] 우리 형사소송법은 제247조에서 기소편의주의를 명시적으로 규정하고 있으며, 미국·프랑스·일본 등의 나라에서 채택하고 있다.

기소편의주의는 형사정책인 고려에서 인정된다. 즉, 형법을 통한 통제의 필요성이 적은 범죄에 대해서는 불기소함으로써 상대적으로 통제의 필요성이 큰 범죄에 대해 적극적으로 대응한다는 취지이다.

2) 기소법정주의

기소법정주의는 범죄에 대한 혐의가 충분하고 소송요건이 갖추어져 있으면 공소권자인 검사가 공소제기의 의무를 지고 반드시 공소를 제기하여야 하는 주의이다. 독일 형사소송법[140]은 기소법정주의를 취하고 있다.

---

139) 신동운, 위의 책, 342면.

140) 독일형사소송법 제152조 제2항 "법률에 달리 규정되어 있지 아니하는 한 검사는 사실에 관한 증거가 충분히 존재하는 경우에 소추할 수 있는 모든 범죄행위에 대하여 공소를 제기할 의무가 있다."고 규정하고 있다.

기소법정주의는 실체적 진실에 입각하여 정당한 형벌의 확보를 꾀하고, 검사에게 불기소의 권한을 부여하지 않음으로써 소추재량권이 남용을 방지하여 법 앞의 평등을 실현한다[141]는 취지이다.

다만 기소법정주의하에서도 이의 예외나 제한을 규정하고 있다.[142]

3) 기소편의주의 제한 제도

이와 같이 기소법정주의도 예외나 제한 규정을 두고 있듯이, 기소편의주의도 이를 전면적으로 인정하는 것은 아니고 일정한 제한을 두고 있다. 우리 법은 검사의 기소독점주의를 인정하여 사인소추를 인정하지 않는 대신 검사의 기소권에 대한 폐단도 예견하였다. 즉, "이러한 소추를 인정치 아니하는 경우의 폐단으로는 검찰관이 자의로 소추를 아니할 때에 있어서 피해자를 구제할 방도가 없다는 것일 것이다."[143]

이에 우리 법은 검사의 불기소처분에 대해 검찰법상 항고제도, 형사소송법상 재정신청제도, 헌법과 헌법재판소법상 헌법소원제도를 두고 있다.

또한 사인소추를 인정하는 경우에도 기소편의주의에 대한 일정한 제한제도를 가지고 있다. 프랑스의 경우 검사의 불기소 처분에 대해 검찰 내부에 기소명령제도를 두고 있으며, 영국의 경우[144] 기소사유가 있는 경우 실질적으로 기소가 강제[145]된다.

---

141) 신동운, 위의 책, 342면.
142) 독일 형사소송법 제153조 이하에서는, 책임이 경미하고 소추이익이 없는 때, 소추이익이 다른 방법으로 만족될 수 있을 때, 소추이익에 앞서는 국가적 이익이 존재하는 때, 피해자가 소추를 할 수 있는 경우에는 형사소추가 유예될 수 있다고 규정한다.
143) 신동운, 효당 엄상섭 형사소송법논집, 서울대학교, 2005, 16면. 원문은 검찰제도의 신구상, 법정 제2권 제8호, 14-18면에 수록됨.
144) 영국의 경우는 기소편의주의 원칙 하에 중죄에 있어 일정한 경우, 기소강제의 효력이 인정되므로 원칙적으로 기소강제주의를 취한다고 할 수는 없다.
145) 다만 반대의 경우 즉, 불기소사유가 있는 경우에는 기소 여부에 대한 재량권이 있으므로 기소사유가 있는 경우보다는 제한의 정도가 작다.

2. 피해자의 의사에 의한 기소편의주의의 제한

이상에서 알아보았듯이 기소편의주의에 대해서는 반대의 입장인 기소법정주의를 취하는 경우도 있는 반면, 우리 법은 검찰항고, 재정신청, 헌법소원을 통해 기소편의주의를 인정하면서 이를 제한하고 있다.

그러나 우리 법상 기소편의주의는 친고죄 규정에 있어서도 제한받고 있다고 할 수 있다. 왜냐하면 친고죄는 고소취소를 인정함으로써 이미 실행되고 있는 기소의 효력을 정지시킬 수 있기 때문이다. 검찰항고, 재정신청, 헌법소원제도가 검사의 불기소처분에 대한 불복 또는 제한 제도라고 한다면 친고죄는 검사의 기소권처분에 대해 사후적으로 제한하는 제도라고 할 것이다.146)

즉, 친고죄는 기소독점주의와의 관계에서 알아본 바와 같이 검사의 기소권에 대해 직접적인 제한의 효력과 불기소를 강제하는 효력의 두 가지를 가지는 것은 동일하다.

다만 이때 말하는 제한의 의미는 검사의 기소권뿐만 아니라 여러 가지 측면을 가지고 있다.

먼저 기소권과의 관계에서 본다면, 고소가 없으면 기소를 할 수 없으므로 검사의 기소권한 발생을 저지하는 효력이 있다.

다음으로 이미 행해진 검사의 기소처분 자체의 효력을 상실시키는 효력을 가지고 있다. 고소취소는 이미 고소를 하여 기소처분이 된 경우를 전제하므로 기소된 이후에 검사의 공소유지권을 제한한다고 볼 수도 있다. 다만 기소 이후 검사가 가지는 권한을 이미 행해진 기소의 효력으로 본다면 고소취소의 효력을 이미 행해진 기소처분의 효력을 소멸시키는 것으로 볼 여지도 있다.147) 그러나 기소 이후에 가지는 검사의 권한이 기소의 효력으로 발생한다고 할지라도 이때 발생한 권한은 공소유지권으로 보는 것이 타당하다. 즉, 기소권을 행사하고 그 후에 공소유지권이 생기는 것이고, 이는 각각 다른 종류의 권리인 것이지, 공소유지권을 기소처분

---

146) 검사의 기소처분에 대한 통제장치로써 공소권남용이론이 있으나, 이는 부당한 공소제기의 경우를 말하는 것인 반면 친고죄는 공소제기의 당부에 영향을 받지 않는 제도이다. 오히려 친고죄는 정당한 공소제기의 경우에 더 의미가 있다. 또한 친고죄는 법적으로 규정되어있다는 점에서 차이가 있다.

147) 이러한 면에서 본다면, 친고죄의 효력을 여전히 검사의 기소권에 대한 제한으로 해석할 수 있을 것이다.

03 피해자의 고소권과 기소편의주의와의 관계

의 효력과 같은 개념 또는 권리로 볼 수는 없기 때문이다.

다른 한편 법원의 관점에서 본다면 재판권을 제한한다고 볼 수도 있을 것이다. 고소취소는 제1심판결 전까지 가능하므로, 제1심판결 전에 고소를 취소하면, 재판권도 피해자의 이러한 의사에 의해 제한받는다고 할 수 있다.

친고죄는 검사의 기소권한뿐만 아니라, 공소유지권, 법원의 재판권까지 제한하는 측면이 있으며, 따라서 친고죄는 그 발동절차에 따라 국가의 여러 가지 형벌권을 제한한다. 다만 이때에도 제한의 방향은 역시 불기소하는 것과 같은 효력을 지닌다.

3. 소결

우리나라에서는 국가기관으로서의 검사가 공소를 제기하고 수행하는 것이 원칙이므로, 국가소추주의만을 인정하고 있다. 우리나라는 입법 당시부터 국가소추주의[148]를 천명하고 있으며, 사인소추는 원칙적으로 인정하고 있지 않다.[149] 우리의 입법자는 대륙법계의 검찰제도를 채택하면서 공중소추[150]와 피해자소추로 나누어 사인소추의 채택을 부정하였다.

특히, 사인소추를 부정하는 이유가 세 가지로 나누어져 설명되었다.

그 이유는 첫째, 남소의 폐단과 재판기관 업무의 과중함, 둘째, 증거수집의 용이성, 셋째, 고소로 인해 피의자가 직접 피고인으로 되는 점이었다.

즉 "① 남소의 폐단 때문에 재판기관의 부담이 과대할 것이고, ② 재판소가 직권으로 증거수집을 하여야 할 터인데 과연 그 보조기관이 충분한 활동을 할지가 의문이며, ③ 고소인의 경우에는 피고소인은 피의자로만 취급받으나 소추를 하게 되면 일개 사인의 무책임한 제소로 인하여 무고한 사람이 일약 피고인이라는 영광스럽지 못한 지위에 서게 되므로 그 명예를 존중하는 소이(所以)가 되지 못할 것"[151]이라고 하였다.

---

148) 검찰제도에 있어 대륙식 검찰제도를 근간으로 영미식 검찰제도의 장점을 취한다는 것을 명백히 하고 있다. 신동운, 효당 엄상섭 형사소송법논집, 서울대학교, 2005, 8면.

149) 우리 형사소송법 제정당시의 입법자는 "검찰제도에 있어 민중소추를 주로 하고 검찰관의 소추가 예외적으로 인정되는 영국식 검찰제도와 수사와 소추에 있어 주동권을 잡지 못하는 미국식 검찰제도는 우리에게 적합한 것이 아니다"라고 한다. 신동운, 위의 책, 8면.

150) 당시는 민중소추라고 지칭되었다. 신동운, 위의 책, 13면.

151) 신동운, 위의 책, 16면.

다만 피해자소추를 부정하는 대신 항고와 검찰위원회제도의 운용으로 피해자 소추를 인정하지 않을 경우를 대비하였다.[152]

현행법하에서 피해자 기타의 사인이 형사절차의 개시에 전적으로 관여하지 않는 것은 아니지만[153] 적어도 형사소추의 권한이 직접적으로 개인에게 부여되지는 않는다.

다만 우리 입법자는 위에서 알아보았듯이 피해자소추의 필요성을 전혀 부인했던 것은 아니다.[154] 다만 그 필요성에 대한 대비책을 항고 등 기소편의주의에 대한 제한형식으로 입법한 것이다. 또한 피해자 소추와 친고죄와의 관계에 대해서도 기술하고 있다. 즉, "영미에 있어서는 민중소추 가운데 피해자 소추가 포함되고 있는 것이다. 현행 형사소송법에서 규정된 고소권자가 검찰관에게 고소하는 대신에 재판관에게 직접 공소를 제기하는 것이 피해자소추제도의 골자이다."[155]라고 하고 있다.

여기에서 사인소추의 취지를 살펴본다. 국가소추주의와 사인소추주의와의 차이가 현저하게 나타나는 것은 물론 수사 내지 기소의 단계이지만 그 이념에 따라 형사사법의 여러 절차가 다른 형태를 띠게 될 수 있다.

형법은 법익보호의 기능을 가지며 피해자의 법익침해에 대한 구제책이다. 기소권한에 대한 여러 가지 논의는 법익침해에 대한 구제라는 형벌에 대한 청구권한의 변경형태이다. 따라서 형벌의 본질에 피해자의 감정이나 공중의 의식을 경시할 수 없으며, 이를 형사사법시스템에 반영하는 것이 사인소추제도다. 사인소추제도의 형태로서는 소추를 범죄피해자의 손에 맡기는 것 혹은 공중이나 국민의 대표[156]에 위임하는 것 등이 있다. 전자가 피해자소추제도, 후자가 공중소추제도이

---

152) 신동운, 위의 책, 16면.

153) 피해자 기타 사인의 의사를 소추에 반영하는 것을 예정하는 제도로써 고소 및 고발 등을 들 수 있다. 피해자 기타 사인은 고소 및 고발 등을 통해서 범인 소추의 희망을 표명할 수 있다. 특히 친고죄 등의 경우에는 피해자 등의 고소가 없으면 기소가 불가능하기 때문에 피해자 등의 의사가 직접적으로 범인의 소추 여부를 좌우하는 것이 된다. 그러나 친고죄나 반의사불벌죄는 내용상 기소에 영향을 미칠 수 있으나, 이는 소추조건으로서 검사의 기소권에 정지조건 혹은 해제조건인 것이므로 직접적인 기소권한으로 보기는 어렵다.

154) 당시 입법자는 검사의 불기소에 대해 피해자가 구제받을 방도가 없다는 것이었다. 신동운, 위의 책, 16면.

155) 신동운, 위의 책, 15면. 이 내용은 고소라는 표현을 썼으므로 피해자소추와의 관계에서 직접 친고죄를 기술하지 않았다고 볼 수 있으나, 고소의 내용에 친고죄의 고소는 당연히 포함되므로, 이는 친고죄와의 관계에 있어서도 적용된다고 볼 수 있다.

156) 그 예로써 미국에서의 기소배심을 들 수 있다.

다. 피해자소추제도는 영국과 프랑스가 취하고 있는 것이고, 공중소추제도는 기소배심의 형태로 미국에서 취하고 있다.

형사소추에 관해 국가소추주의가 원칙으로 되어 온 유럽 대륙의 각국에서도 그것에 예외적으로 사인소추 등을 가미하는 제도가 마련되어 왔다.

사인소추를 인정하는 형태는 검사의 기소권한 외에 사인의 기소권한을 인정하며, 특히 사소를 인정하게 되면 피해자에게 기소권한이 인정된다.

반면 우리나라와 같이 기소독점주의를 확고히 하면서 친고죄를 인정하면 피해자는 기소권한이 없는 대신 간접적으로 기소독점권을 제한하게 된다. 또한 이러한 형태는 기소권한 주체가 없다는 점과 고소취소를 통해 이미 실행되고 있는 기소권을 정지시킬 수 있다는 점에서 기소편의주의를 제한하는 측면이 있다.

이렇게 기소독점주의의 예외[157]와 기소편의주의의 제한방식[158]에 비해 우리의 친고죄는 위에서 알아본 바와 같이 다음과 같은 세 가지 효력을 가진다.

즉, 첫째, 친고죄는 검사의 기소권한을 직접적으로 제한한다. 둘째, 친고죄는 검사의 불기소를 강제하는 효력을 가진다. 셋째, 친고죄는 검사의 기소권뿐만 아니라 공소유지권, 1심 법원의 재판권까지 제한한다.

친고죄의 효력 중 주목할 것은 기소권 제한의 방향성이다. 기소독점주의에 대해 사소를 인정하는 것은 피해자에게 기소하는 권한을 부여하는 것이다. 기소편의주의에 대한 우리 법상의 제한 제도는 모두 검사의 불기소 처분에 대한 제한이다. 즉, 이러한 제반의 제도는 '불기소 → 기소'의 방향성을 가진다. 반면, 친고죄는 기소 전에는 고소하지 않음으로써, 기소 후에는 고소를 취소함으로써 '기소 → 불기소'의 방향성을 가진다. 즉, 친고죄는 피해자의 의사에 의해 범죄가 되지 않도록 한다는 데에 의미가 있다. 즉, 검사의 기소권한을 제한하는 방식은 검사의 불기소 권한을 제한하는 방식만 인정되고 있다. 친고죄[159]만이 검사의 기소권한을 제한하여 불기소를 강제하는 효력이 있고, 이것이 친고죄가 가지는 특유한 의의이며 기능이다. 친고죄의 이러한 불기소 효력은 화해사상이나 회복적 사법[160] 이념과도 상통한다.

---

157) 사인소추와 대배심제도를 말한다.

158) 우리법상 항고, 재정신청, 헌법소원이 있다. 프랑스의 기소명령제도, 영국의 기소강제가 이에 속한다.

159) 물론 우리법상 특유한 반의사불벌죄도 친고죄와 마찬가지로 검사의 기소권한을 제한하는 효력을 가진다. 다만 그 범위에 있어 차이가 있다.

160) 회복적 사법 또한 국가의 형벌권, 검사의 기소권한이 행사되기 전에 피해자와 가해자와의 합의를 중시하여 이를 불기소하게 하는 효력이 있기 때문이다.

결 론

결 론

　형벌권은 국가가 독점적으로 행사하는 것이 원칙이며, 이는 국가소추주의의
형태로 나타난다. 그러나 우리 형법과 형사소송법은 친고죄를 두어 이의 제한을
꾀하고 있다. 친고죄는 피해자의 고소가 있어야 공소를 제기할 수 있는 범죄로서
친고죄에 한해서는 피해자 의사에 의해 국가 형벌권이 개시된다. 즉, 친고죄는 국
가형벌권과 피해자의 의사의 조화라는 취지를 가지고 있으며, 친고죄와 관련한 법
규의 해석에 있어서는 친고죄의 취지에 맞추어 적극적인 해석을 하여야 한다. 다
음으로 여기에서 주목해야 할 점은 이때 피해자의 의사의 구체적 내용이 무엇인가
와 형벌권과의 조화는 어떠한 방식으로 이루어지는 가이다.

　친고죄는 국가형벌권의 제한으로써 예외적으로 인정되는 것이므로, 국가형벌
권의 필요성이 클수록 그 인정범위가 줄어든다. 국가형벌권은 법익 침해가 큰 행
위일수록 필요성이 더해지며, 이러한 면에서는 친고죄는 원칙적으로 경미한 범죄
에 대해 인정되어야 한다. 다만 이때에 그 대상 범죄는 특히 생명과 신체에 대한
법익의 경우는 제외되어야 한다. 생명과 신체의 경우는 개인의 의사에 의해 처분
될 수 없기 때문이다. 따라서 친고죄의 대상이 되는 범죄는 인격적 법익에 대한 것
이어야 한다. 다음으로 친고죄는 이러한 범죄에 대한 비범죄화사상, 화해사상 또
는 형사사법의 경제성을 고려하여 인정하여야 한다. 즉, 친고죄는 인격적 법익에
대한 경미한 침해행위에 대해 피해자가 국가형벌권을 제한하여 비범죄화하는 것
과 유사한 효력을 준다.

　이러한 효력은 기소권과의 관계에서 분명히 드러난다. 검사의 기소독점주의에
대한 예외의 대표적인 경우로서 프랑스와 영국 등의 사인소추, 기소편의주의에 대
한 제한으로서 헌법소원, 항소, 재정신청제도가 있다. 친고죄는 검사의 기소권이

피해자의 의사에 좌우됨으로써 기소독점주의의 제한으로 기능한다. 또한 기소권한의 직접 피해자에게 귀속되지 않고, 검사의 기소에 대해 고소취소를 인정함으로써 기소편의주의의 제한으로 볼 수도 있다. 한편, 이때의 고소취소는 검사의 기소권한뿐만 아니라 공소유지기능, 1심법원의 재판권까지 제한한다.

사인소추의 경우는 검사가 불기소하는 경우에 피해자에게 적극적인 기소권한을 주는 것이며, 헌법소원, 항고, 재정신청은 검사의 불기소 처분에 대한 불복제도이다. 즉, 친고죄 외의 검사권한에 대한 제한 제도는 모두 검사의 불기소에 대해 피해자 등의 기소를 전제로 인정되고 있다. 그러나 친고죄는 고소가 없으면 검사는 기소하지 못하며, 고소취소를 통해 기소의 효력을 없애므로, 이는 검사의 기소에 대해 피해자의 의사에 의한 불기소의 측면에서 의미가 있다. 즉, 친고죄는 피해자에게 검사의 기소에 대해 불기소의 효력, 실질적으로 비범죄화할 수 있는 효력을 준다. 따라서 친고죄의 특유한 의의는 비범죄화의 효력에 있으며, 이는 화해사상을 내용으로 하는 회복적 사법의 이념과 상통하며, 형법상 구체화하였다고 볼수 있다.

친고죄는 피해자의 의사에 의해 국가 형벌권을 제한하는 제도이며, 이는 소추조건으로써 검사의 기소권에 대한 조건으로 기능한다.

현행법상 친고죄로 규정된 범죄에 대한 취지는 피해자의 명예보호, 경미한 법익침해, 범죄자와 피해자 간의 특별한 인적 관계라고 해석될 수 있다. 이외에 일률적으로 화해사상과 형법의 보충성 원칙을 근거로 드는 견해도 있다. 그러나 화해사상은 친고죄의 존재로 이미 내재된 가치이므로 이를 친고죄의 근거라고는 할 수없고, 형법의 보충성 원칙은 어떤 행위를 범죄로 할 것인가에 대한 원칙이므로 이미 범죄로 규정된 친고죄의 근거로 볼 수는 없다.

한편, 상대적 친고죄는 재산죄에 있어 일정한 친족관계에 있는 경우를 친고죄로 규정한 것으로서, 이는 가족공동체라는 이유로 일정한 신분관계가 있는 경우에 재산죄에 있어 친고죄 규정을 적용하여 특별한 취급을 하고 있는 것이므로, 친고죄의 본질을 상대적 친고죄로 규정된 범죄에서 찾을 수는 없다.

따라서 친고죄의 취지는 경미한 범죄인 경우를 상정하여 찾아야 할 것인바, 경미한 범죄라는 것은 단지 법정형만으로 기준으로 삼을 수는 없다. 친고죄로 규정된 법정형이 2년 내지 3년 이하의 징역이라고 할 때, 50종이 넘는 범죄에 이 법정형이 규정되어 있기 때문이다. 친고죄로 규정된 범죄는 법정형이 낮다는 것 외에 다음과 같은 요소와 취지를 갖는다. 첫째, 대상범죄는 개인적 법익 중 정신적 법익을 보호법익으로 하는 경우여야 한다. 둘째, 경미한 정신적 법익을 대상으로 하므로 피해자의 의사에 의해 비범죄화하려는 데에 취지가 있다. 셋째, 형사사법의 경제성이 고려되어야 한다.

형벌권은 국가에 독점되어 있으나, 일정한 경우 피해자의 의사에 의해 이를 제한한다. 우리 형법상 피해자의 승낙, 반의사불벌죄와 친고죄가 그것이다. 피해자의 승낙이 범죄의 성립 여부에 영향을 미침에 반해 친고죄는 성립된 범죄의 소추조건이다. 다만 승낙은 실행행위시에 있음을 요하므로 사후승낙은 불가하나 친고죄의 경우 고소의 취소를 통해 진행 중인 형벌권을 중지시킬 수 있으므로 승낙보다 형벌권의 제한 범위가 크다. 반의사불벌죄는 수사의 개시와 기소가 가능하지만 친고죄는 고소가 없으면 수사를 개시할 수 없으므로 국가형벌권을 제한하는 범위가 크다.

즉, 친고죄는 국가형벌권의 개시와 진행을 중지시킬 수 있다는 점에서 국가형벌권을 가장 크게 제한하는 제도이다.

또한 국가소추주의에 대해 사인소추의 예외를 인정하는 입법례가 있다. 사인소추제도는 국가형벌권을 제한하는 것이 아니고 개인이 직접 형벌권을 행사한다는 점에서 명문으로 국가소추주의를 취하고 있는 우리 법상 인정하기는 어렵다. 대신 우리 법은 국가소추주의를 취하면서 친고죄를 두어 이를 제한하고 있다. 사인소추제도가 개인에게 기소권을 준다는 의미에서 정당성이 있기는 하지만 직접적으로 검사의 기소권한을 제한하는 기능은 약하다고 할 수 있다. 친고죄는 소추조건임과 함께 고소취소를 둠으로써 검사의 기소권을 강하게 제한한다. 이러한 기소권의 제한은 사인소추와 달리 기소에 대해 불기소하는 방향으로 나타난다. 피해자의 의사에 의해 형벌권을 실행하려는 것보다는 제한하는 것, 즉 비범죄화의 의미가 크다. 친고죄는 중한 범죄에 대해 국가형벌권을 확고히 함과 동시에 검사의 기소독점주의를 유지하면서 고소 취소를 통해 가벌뿐만 아니라 불벌에까지 피해자의 의사를 반영하는 제도로서, 공정한 국가형벌권 행사와 피해자의 의사를 동시에 충족시켜주는 제도라고 할 수 있다.

이는 회복적 사법의 이념과 관련된다. 화해사상을 실현하기 위해 친고죄가 규정되었다고 하기는 어려우나, 친고죄 규정을 통해 회복적 사법의 이념이 실현되고 있다고 볼 수는 있다. 즉, 회복적 사법의 이념은 친고죄라는 설정법규정을 통해 구체화되어 있다고 할 수 있다.

　형법의 발전과정은 형벌권제한의 역사라고 할 수 있다. 우리 형법은 피고인보호이념을 기본으로 하고 있지만, 위에서 알아본 바와 같이 피해자의 의사에 의해 국가형벌권을 제한하는 제도를 두고 있다. 그러나 피고인보호이념과 피해자의 의사에 의해 국가형벌권을 제한하는 제도를 두고 있다. 그러나 피고인보호이념과 피해자의 의사와의 관계가 항상 배치되는 것은 아니며, 피고인과 형벌권의 관계뿐 아니라 피해자와 형벌권의 관계에 의해서도 피고인은 국가권력으로부터 보호받을 수 있다. 특히 친고죄에 있어서는 고소가 없으면 수사에 제한을 받게 되고, 기소할 수 없으며, 고소를 취소하면 공소기각판결을 하므로 피해자의 의사에 따른 국가형벌권의 제한에 따라 피고인이 보호되는 효과를 가질 수 있다. 친고죄는 다른 제도에 비해 비범죄화의 취지가 강하고, 이에 따라 피해자의 의사와 피고인의 이익이 모두 보호될 수 있다.

참고문헌

[국내논문]

강구진, "강간죄에 대한 고소가 최소되면 그 수단이던 폭행죄는 어떻게 되는가", 판례회고 제5호, 서울대학교, 1976.

강동범, "친고죄에 있어 고전 수사의 허용여부", 형사판례연구 제4호, 박영사, 1996.

고시면, "사이버모욕죄의 신설과 그 한계에 관한 연구", 사법행정 제50권 제6호, 한국사법행정학회, 2009.

곽병선, "성범죄에 대한 비판적 검토 - 피해자의 관점에서 - ", 피해자학연구 제14권 제1호, 한국피해자학회, 2006.

김경락, "친고죄에 있어 고소 전 수사의 허용여부", 법정논총 제39권, 중앙대학교, 2004.

김대휘, "양벌규정의 해석", 형사판례연구 제10호, 박영사, 2002.

김민재, "성범죄의 실태 및 대책", 강력검사연구논문집 Ⅳ, 대검찰청, 1994.

김선복, "친고죄에 대한 고찰", 형사법연구 제10호, 한국형사법학회, 1997.

김선복, "비친고죄의 공소사실에 대하여 친고죄를 인정하는 경우 공소장변경의 문제", 비교형사법연구, 한국비교형사법학회, 2001.

김성규, "공소제기의 조건으로서의 고소: 친고죄에 있어서의 고소를 중심으로", 성균관법학 제15권 1호, 2003.

김영환, "성폭력대책 관련법률(안)과 현행 형사법체계와의 관계", 형사정책 제7호, 한국형사정책학회, 1995.

김용근, "경찰수사단계에서 성폭력범죄 피해자 보호방안".

김일수, "원상회복제도의 형사법적 의미와 기능", 변호사 제21집, 서울지방변호사회, 1991.

김일수, "형법상 원상회복제도의 형사정책적 기능과 효용에 관한 연구", 성곡논총 제21집, 성곡학술문화재단, 1990.

김재민, "경찰의 피해자수사 개선방안에 관한 연구", 전남대학교 박사논문, 2003.

김재봉, "영업비밀의 형사법적 보호방안", 형사정책 제14권 제1호, 한국형사정책학회, 2002.

김종원, "고소고발죄감면의 법률상담", 법전출판사, 1998.

김증한, "형사고소의 취소와 손해배상청구권의 소멸", 판례회고 제5호, 서울대학교, 1978.

김태현, "프랑스 형사소송법상 소추제도", 해외검사파견논문집 제7집, 법무연수원.

김택수, "프랑스의 사인소추제도", 경찰법연구 제2호, 한국경찰법학회, 2004.

김택현, "고소와 친고죄", 법정 제2권 11호, 한국사법행정학회, 1972.

김형준, "친고죄의 고소와 그 취소", 법학논문집 제24집 2호, 중앙대학교 법학연구소, 2000.

김혜정, "시대의 변화에 따른 강간죄의 객체 및 행위태양에 관한 재구성".

김혜정, "성폭력범죄에 있어서 항거불능인 상태의 의미", 형사판례연구 제14호, 박영사, 2006.

김희옥, "친고죄에 있어서의 고소", 사법행정 제26권 제11호, 한국사법행정학회, 1985.

도미향, "성폭력 현황에 따른 성폭력특별법의 개선방향에 관한 연구", 한국가족복지학회 제8권 제1호, 한국가족복지학회, 2003.

류병관, "형사절차상 성폭력 피해자의 2차 피해자화 방지 대책", 법과정책연구, 제6집 제1호, 한국법정책학회, 2006.

문준영, "한국의 형사사법과 민사분쟁형 고소사건", 부산대학교 법학연구 제48권 제1호, 부산대학교 법학연구소, 2007.

문채규, "항소심에서의 공소장변경과 고소취소의 효력", 지송 이재상교수 화갑논문기념집, 박영사, 2004.

박강우, "서구의 여성주의 법운동 및 강간죄 개혁의 성과와 성적 자기결정권의 함의", 형사법연구, 제26호, 한국형사법학회, 2006.

박달현, "반의사불벌죄와 고소불가분의 원칙", 법조 제53권 5호, 법조협회, 2004.

박달현, "친고죄와 고소불가분의 원칙", 형사법연구 제12호, 한국형사법학회, 1999.

박달현, "보충성의 원칙과 친고죄의 본질", 비교형사법연구, 제3권.

박미숙, "성폭력관련법률의 체계화 방안", 형사정책 제12권 제2호, 한국형사정책학회, 2000.

박미숙, "현행법상 성매매 방지체계와 청소년보호", 형사정책연구소식 제66호, 한국형사정책연구원, 2001.

박상기, "강간치상죄와 강간 고소의 취소", 지송 이재상교수 화갑논문기념집, 박영사, 2004.

박수희, "성폭력특별법과 피해자보호", 한국공안행정학회지 제22호, 한국공안행정학회, 2006.

박희영, "무권한 사진촬영에 대한 형법적 보호", 비교형사법연구 제7권 제1호, 한국 비교형사법 학회, 2005.

박희영, "독일의 컴퓨터 범죄 방지를 위한 제41차 형법 개정법", 법제 제600호, 법제처, 2007.

백형구, "친고죄의 일부기소에 대한 재판", 판례연구 제17집 상권, 서울지방변호사회, 2003.

백형구, "범죄수사론의 현대적 감각과 수사의 민주화를 위한 이론적 기초", 변호사 제14집, 서 울지방변호사회, 1984.

서보학, "형사절차상 성범죄 피해아동 보호방안", 형사정책연구 제7권 제4호, 1996.

성시탁, "고소가 없는 강간죄의 처벌에 관하여", 법정 제6권 제2호, 한국사법행정학회, 1976.

성윤환, "이혼소송과 간통고소의 효력", 중앙법학 제9집 1호, 중앙법학회, 2007.

소은영, "성폭력범죄 피해자의 권리보호에 관한 연구", 이화여자대학교, 석사논문, 2004.

손동권, "고소불가분의 원칙과 강간범에 대한 공소권의 행사", 형사판례연구 제1호, 박영사, 1993.

손동권, "친고죄에서의 일부기소", 형사판례연구 제12호, 박영사, 2004.

손동권, "항소심에서의 공소사실변경으로 인한 특수문제: 합의부 사물관할 및 친고죄 공소사실 로의 변경", 형사판례연구 제9호, 박영사, 2001.

신동운, "조세범칙사건의 처리절차", 서울대 법학 제39권 제2호, 서울대학교 법학연구소, 1998.

심희기, "강간·강제추행죄의 고소와 시스템 중시 사고", 지송 이재상교수 화갑논문기념집, 박영 사, 2004.

심희기, "반의사불벌죄에도 고소불가분의 원칙이 적용되는가", 형사소송법판례70선, 홍문사, 2000.

심희기, "친고죄나 세무공무원 등의 고발이 있어야 논할 수 있는 죄에 대하여 권리자의 고소고 발전에 수사할 수 있는가", 형사소송법판례70선, 홍문사, 2000.

심희기, "공소장변경의 요부, 공소장변경없이 법원이 비친고죄인 강제추행치상죄로 기소된 사 안을 친고죄인 강제추행죄의 사안으로 축소인정할 수 있는가", 형사소송법판례 70선, 홍문사, 2000.

심희기, "수사와 재판과정에서의 2차 피해자화의 최소화 방안", 법학연구 제12권 제4호, 연세대 학교, 2002.

심희기, "아동 성추행 사건의 수사와 재판의 실태와 개선방안", 인권과 정의 제336호, 대한변호 사협회, 2004.

안경옥, "청소년 성매매를 둘러싼 논의들에 대한 검토", 형사정책연구 제13권 제1호, 한국형사 정책연구원, 2002.

양동철, "사이버폭력에 대한 입법방향 연구", 법조 제55권 제9호, 법조협회, 2006.

양문승, "페미니스트 범죄학과 성적 피해자화에의 새로운 도전", 피해자학연구, 제9권 제2호, 피해자학회, 2001.

양재식, "고소의 객관적 불가분의 원칙과 강간죄", 사법연수원 논문집 제5집, 사법연수원, 2008.

여상원, "강간죄에 대한 고소없이 고소기간이 도과되었음에도 그 수단인 폭행협박을 별도로 폭력행위 등 처벌에 관한 법률 위반죄로 기소한 경우의 조치", 대법원 판례해설 제41호, 2002.

유숙영, "성적 자기결정권과 친고죄", 지송 이재상교수 화갑논문기념집, 박영사, 2004.

유숙영, "성폭력범죄의 친고죄 적용에 대한 검토", 한국여성학, 제19권 제1호, 2003.

윤상민, "성폭력피해자 지원체계의 문제점과 개선방안", 피해자학연구 제14권 제2호, 한국피해자학회, 2006.

윤해성, "과학기술발전에 따른 친고죄와 재판공개원칙의 한계", 성균관법학 제18권 제3호, 성균관대학교 비교법연구소, 2006.

윤희식, "중국의 自訴제도에 관한 연구", 해외연수검사연구논문집 제19집 제2호, 법무연수원, 2004.

오세빈, "간통에 대한 고소와 유서의 요건 및 효력", 형사재판의 제문제, 1991.

오영근, "친고죄로의 공소장변경과 항소심에서의 고소취소의 효력", 지송 이재상교수 화갑논문기념집, 박영사, 2004.

오영근, "조세범죄의 친고죄규정과 통고처분제도의 개선방안", 인도주의적 형사법과 형사정책, 동성사, 2000.

오영근, "항소심에서의 반의사불벌죄로 공소장이 변경된 경우 처벌을 희망하지 않는다는 의사표시의 효력", 손해목박사화갑기념논문집.

윤동호, "피해자의 의사와 형사절차", 피해자학연구 제14권 제1호, 한국피해자학회, 2006.

윤민석, "형사화해제도", 충남대학교 박사논문, 2006.

이봉한, "제도 내외의 피해자 보호대책에 관한 연구", 경찰학연구 제10호, 경찰대학, 2006.

이상돈, "여성주의와 형법: 성폭력범죄에 대한 형법정책을 중심으로", 인권과 정의, 제255호, 대한변호사협회, 1997.

이상정, "저작권침해죄를 비친고죄로 개정하는 것의 당부", 디지털재산법연구 제4권 제1호, 세창출판사, 2005.

이상철, "이혼소송과 간통고소", 형사판례연구 제3호, 박영사, 1995.

이승준, "'밀양 여중생 성폭행 사건'의 국가배상청구를 통해 본 경찰수사에 관한 소고", 법학연구, 제18권 제1호, 연세대학교 법학연구소, 2008.

이승호, "친고죄의 일부기소", 일감법학 제3권, 건국대학교법학연구소, 1998.

이승호, "강제적 성범죄에 대한 효율적 형사사법집행을 위한 제언", 형사판례연구 제8호, 박영사, 2000.

이승호, "사이버공간에서의 언어범죄: 사이버 명예훼손과 사이버 스토킹을 중심으로", 뉴밀레니엄법 법환경의 변화와 그 대응책, 한국법학교수회, 2000.

이승호, "저작재산권 침해죄에 있어서 저작재산권을 양도받았으나 양도등록을 하지 아니한 자의 고소가 적법한지 여부", 대법원판례해설 제43호, 법원도서관, 2003.

이재환, "친고죄의 경우 양벌규정에 의하여 처벌받는 자에 대하여 별도의 고소를 요하는지 여부", 대법원판례해설 제26호, 1996.

이영란, "성폭력특별법의 형법적 고찰", 피해자학연구, 제3권, 한국피해자학회, 1994.

이용식, "친고죄에 있어 고소 전 수사의 허용 여부", 지송 이재상교수 화갑논문기념집, 박영사, 2004.

이용식, "적극적 일반예방사상에 대한 비판적 고찰 – 피해자 지위보호의 관점에서 –", 피해자학연구 제16권 제2호, 한국피해자학회, 2008.

이용우, "지적재산권법상의 침해죄와 관련한 친고죄조항의 재검토", 지적재산권 제5호, 지적재산권법제연구원, 2004.

이재상, "친고죄의 고소", 경희법학 제20권 1호, 경희대학교, 1985.

이재환, "친고죄의 경우 양벌규정에 의하여 처벌받는 자에 대하여 별도의 고소를 요하는지 여부", 대법원판례해설 제26호, 법원도서관, 1996.

이존걸, "수사단서로서의 고소", 법학연구 제19집, 한국법학회, 2005.

이존걸, "성폭력범죄와 그 대책방안", 법학연구 제7집, 한국법학회.

이진국, "피해자중심적 사법개혁의 발전방향 – 독일 피해자보호입법의 발전과 비교를 중심으로 –", 피해자학연구 제16권 제2호, 한국피해자학회, 2008.

이천현, "친족관계에 따른 형법상의 효과", 형사정책연구 제12권 제2호, 한국형사정책연구원, 2001.

이현식, "형사소송법상 소위 친고죄의 현형범처분에 관한 고찰", 사법행정, 제14권 4호, 한국사법행정학회, 1973.

이호중, "축소사실에 대한 공소장변경없는 유죄인정: 비친고죄의 공소사실에 대하여 친고죄의 유죄를 인정하는 경우", 형사판례연구 제8호, 박영사, 2000.

이호중, "친고죄와 공소장의 변경", 판례월보 제349호, 판례월보사, 1999.

이호중, "성폭력 처벌규정에 대한 비판적 성찰 및 재구성", 형사정책 제17권 제2호, 한국형사정책학회, 2005.

이호중, "강간범죄와 형사사법적 통제", 형사정책연구소식 제6호, 한국형사정책연구원, 1991.

이호중, "형법상의 원상회복에 관한 연구", 서울대학교 박사논문, 1997.

이화숙, "간통죄고소 배우자의 이혼취하와 유책배우자의 이혼청구", 가족법연구, 제9호, 1995.

임화규, "고소사건의 변호활동", 대한변호사협회지 제118호, 대한변호사협회, 1986.

장규원, "수사경찰의 피해자보호방안에 관한 연구", 한국공안행정학회보 제21호, 한국공안행정
　　　학회, 2005.

정구선, "프랑스 검찰의 제도와 운영", 검찰 제100호, 대검찰청, 1990.

정상조, "관세에 의한 지적소유권 침해물품의 단속", 창작과 권리 창간호, 세창출판사, 1995.

정　완, "프로그램 저작권의 형사적 보호", 형사정책연구소식 제71호, 한국형사정책연구원, 2002.

정　완, "컴퓨터 프로그램보호법의 형사법적 문제점", 형사정책연구소식 제72호, 한국형사정책
　　　연구원, 2002.

정　완, "컴퓨터 프로그램의 법적 보호", 법무사 335호, 대한법무사협회, 1995.

정진섭, "저작권침해에 대한 형사상 구제방법과 그 한계", 인권과 정의 제188호, 대한변호사협
　　　회, 1992.

정진섭, "컴퓨터프로그램보호법 침해사범에 대한 대응", 정보법학 제3호, 한국정보법학회, 1999.

정현미, "성폭력범죄 형사절차상 이차적 피해", 피해자학연구, 제8호, 한국피해자학회, 2000.

조　국, "강간피해 고소여성의 성관계 이력의 증거사용 제한: 미국 '강간방지법'을 중심으로", 저
　　　스티스 69호, 한국법학원, 2002.

조　국, "여성주의 관점에서 본 성폭력범죄", 서울대학교 법학 제43권 제2호, 서울대학교.

조　국, "형사절차에서 성폭력범죄 피해여성의 처지와 보호방안", 형사정책 제14권 제2호, 한국
　　　형사정책학회, 2002.

조동석, "친고죄의 고소", 검찰 제94호, 대검찰청, 1986.

조인형, "특별법상 친고죄에 관한 판례 검토", 군사법논집 제6집, 국방부, 2001.

조현욱, "이혼소장의 각하와 간통고소의 효력", 영산법률논총 제2권 1호, 영산대학교, 2005.

천진호, "항소심에서의 공소장변경과 고소취소의 효력", 형사판례연구 제8호, 박영사, 2000.

최병천, "간통죄와 고소", 법제 제53권 제11호, 2004.

최병호, "범죄피해자 보호와 피해회복에 관한 연구", 고려대학교, 2005.

최영애, "성폭력 피해자 지원체계 현황 및 과제", 피해자학연구 제8호, 한국피해자학회, 2000.

최종현, "군형법상의 반의사 불벌죄, 친고죄", 군사법운영상의 제문제전 제3집, 공군본부 법무
　　　감실, 1984.

하태훈, "법원의 공소장변경과 고소취소의 효력", 형사법연구 제26호, 한국형사법학회, 2006.

하태훈, "범죄피해자의 형사절차상의 지위와 권리", 안암법학 제1호, 고려대, 1993.

하태훈, "증인 또는 범죄피해자 보호제도", 피해자학연구 제4호, 한국피해자학회, 1996.

한인섭, "성폭력의 법적 문제와 대책", 인간발달연구, 1996.

한인섭, "성폭력에 대한 법적 대응－법률·판례의 문제", 공익과 인권 제4권 제1호, 서울대학교 공익인권법센터, 2007.

한인섭, "성폭력특별법과 피해자보호: 그 문제와 개선점", 피해자학연구 제3호, 1994.

허경미, "성폭력범죄의 피해자 보호체제 개선방안", 경찰학연구 제2호, 경찰대학, 2002.

허경미, "청소년 성매매규제 관련법의 쟁점에 관한 연구", 경찰학연구 제4호, 경찰대학, 2003.

홍기태, "고소기관 경과 후 강간죄에 대한 고소가 있을 때 그 수단인 폭행협박에 대하여 별도로 공소를 제기할 수 있는지 여부", 형사판례의 제문제, 제4권, 박영사, 2003.

황은영, "성폭력범죄에 대한 실효적 대응 방안: 비판적 성찰과 전문성 강화를 위한 정책제안", 법조 제57권 제1호, 법조협회, 2008.

황현락, "성폭력 수사과정에서 여성인권 보호방안", 법과정책연구 제7집 제2호, 한국법정책학회, 2007.

[외국 논문, 단행본]

고부도언, "訴訟條件と訴因: 親告罪の告訴", ジュリスト 별책174호: 형사소송법판례백선(제8판), 유비각, 2005.

고와정인, "訴訟條件と訴因: 親告罪の告訴", ジュリスト 별책 148호: 형사소송법판례백선(제7판), 유비각, 1998.

구산계부, "少年保護事件と親告罪", 판례タイムズ 별책 6호, 판례タイムズ사, 1979.

전구수일, "親告罪の告訴と國家訴追主義", 궁택호일선생고희축하논문집 제1권: 범죄피해자론신동향, 성문당, 2000.

천기영명, "親告罪における告訴の缺如", ジュリスト 별책 147호: 소년법판례백선, 유비각, 1998.

충명만, "訴訟條件と訴因: 親告罪の告訴", ジュリスト 별책 119호: 형사소송법판례백선(제6판), 유비각, 1992.

황목신이, "親告罪の告訴期間の起算日", 형사판례평석집 제32·33권, 유비각, 1987.

黑澤睦, "告訴權의 歷史的 發展과 現代的 意義", 明治大學校 法學研究論集 第18号.

Andrew Karmen, 『Crime victims』, Thomson Wadsworth, 2007.

A. K. R. Kiralfy, 『Potter's Historical Introduction to English Law and Its Institution』, Sweet & Maxwell, 1998.

Brian Williams, 『Victims of crime and community justice』, Jessica Kingsley Publisher, 2005.

E. Fattah, 『Understanding criminal victimization — An introduction to theoretical victimology』, Prentice Hall, 1991.

E. Fattah and S. Parmentier, 『Victim policies and criminal justice on the road to restorative justice』, Leuven University Press, 2001.

Franklin Strier, 『Reconstructing Justice: An Agenda for Trial Reform』, University of Chicago, 1994.

Harvey Wallace, 『Victimology — Legal, psychological and social perspectives』, Person, 2007.

Heather Strang, 『Repair or revenge: victims and restorative justice』, Oxford University Press, 2002.

Joan E. Jacoby, 『The American Prosecutor: A Search for Identity』, Lexington books, 1980.

Manns, Jeffrey "Insuring Against Terror?", Yale law journal vol 112, The Yale law journal co. 2003.

Mark Maguire and John Pointing, 『Victims of crime: a new deal?』, Open University Press, 1988.

Mark Umbreit, 『Crime and reconciliation — creative options for victims and offenders』, Abingdon Press, 1985.

Martin Wright, 『Justice for victims and offenders — a restorative response to crime』, WATERSIDE PRESS, 1996.

Matt Matravers, 『Justice and punishment — The rationale of coercion』, Oxford University Press, 2000.

Nigel Walker, 『Why punish?』, Oxford University Press, 1991.

O. F. Robinson, 『The criminal law of ancient rome』, The Johns Hopkins University Press, 1995.

Stephan Lansman, 『The Adversary System: A Description and Defence』, AEI Studies, 1984.

Thomas Frisbie and Randy Garrett, 『Victims of justice — revisited』, Northwestern University Press, 2005.

저자약력

김 동 혁

경일대학교 경찰행정학부 교수

경찰대학교 법학 학사
서울대학교 법학 석사
서울대학교 법학 박사

경일대 범죄피해연구소장
지방대학 특성화 사업 범죄피해케어 전문가 양성사업단장

범죄피해와 형사절차

초판발행	2018년 9월 17일
지은이	김동혁
펴낸이	안종만
편 집	조보나
기획/마케팅	정성혁
표지디자인	조아라
제 작	우인도·고철민
펴낸곳	(주) **박영사**
	서울특별시 종로구 새문안로3길 36, 1601
	등록 1959. 3. 11. 제300–1959–1호(倫)
전 화	02)733–6771
f a x	02)736–4818
e–mail	pys@pybook.co.kr
homepage	www.pybook.co.kr
ISBN	979-11-303-0640-7 93350

* 잘못된 책은 바꿔드립니다. 본서의 무단복제행위를 금합니다.
* 저자와 협의하여 인지첩부를 생략합니다.

정 가   15,000원